Como falar bem em público

"Todos tropeçamos de muitas maneiras.
Se alguém não tropeça no falar, tal homem é perfeito,
sendo também capaz de dominar todo o seu corpo"

Thiago 3:2

William Douglas
Rogério Sanches Cunha
Ana Lúcia Spina

COMO FALAR BEM EM PÚBLICO

Técnicas para enfrentar com sucesso situações de pressão, aulas, negociações, entrevistas e concursos

Ediouro

Preparação de texto
Mirian Ibanez
Sandra Scapin

Revisão
Bel Ribeiro

Produção editorial e capa
S4 Editorial

Ilustrações internas
Rodrigo Mello

Imagem da capa
Scott Mawell/dreamstime.com

DADOS INTERNACIONAIS DE CATALOGAÇÃO NA PUBLICAÇÃO (CIP)
(CÂMARA BRASILEIRA DO LIVRO, SP, BRASIL)

Douglas, William
Como falar bem em público / William Douglas, Ana Lúcia Spina, Rogério Sanches Cunha. — São Paulo : Ediouro, 2008.

Bibliografia.
ISBN 978-85-00-02038-4

1. Comunicação de massa 2. Comunicação oral 3. Falar em público 4. Oratória 5. Retórica I. Spina, Ana Lúcia. II. Cunha, Rogério Sanches. III. Título.

08-00226 CDD 808.51

Índices para catálogo sistemático:

1. Falar em público : Retórica 808.51

Ediouro

Rua Nova Jerusalém, 345 – Bonsucesso
Rio de Janeiro, RJ – CEP 21042-235
Tel.: (21) 3882-8200 Fax: (21) 3882-8212/8313
www.ediouro.com.br

Dedico este livro a Lucas. É o primeiro livro que assino desde que ele se juntou à Fernanda Luísa como a melhor herança que um homem tem: filhos (Salmos 127:3).

William Douglas

Este livro é fruto de nossa experiência na preparação de centenas de alunos — hoje promotores, juízes, delegados, procuradores e defensores — na fase oral de concursos públicos, a quem, portanto, agradeço — e dedico — esta obra.

Rogério Sanches Cunha

Dedico este livro ao meu amor, Alfeu, com quem tenho a melhor comunicação da vida. E agradeço ao Prof. Dr. Agrício Nubiato Crespo, que sempre inspirou minha atividade profissional, meus estudos e pesquisas; aos meus tão amados pais Carlos e Kita, pelo entusiasmo sempre presente; e aos alunos da Rede de Ensino Luiz Flávio Gomes, com quem aplicamos nossas estratégias de comunicação e dos quais recebemos todo incentivo para a elaboração deste livro.

Ana Lúcia Spina

Sumário

Apresentação

Parte 1

Apêndice 2

APRESENTAÇÃO

A melhor comunicação com o público

"Como falamos. Como somos."
Oswald de Andrade

A palavra comunicação vem do latim e designa a ação de transmitir idéias e sentimentos, de partilhar, de dividir, de interagir socialmente. É amplo o seu sentido — nem sempre ligado ao expor-se falando em público. Mas é justamente disto que vamos tratar aqui. Do fantasma que tira o sono de muita gente. Quem não tremeu nas bases, um dia, se teve de fazer um exame oral? Qual o professor que, ao encarar uma classe pela primeira vez, não teve receio de falhar, mesmo sabendo que dominava a matéria? Que executivo não gaguejou ao defender um projeto diante do *staff* da companhia pela primeira vez? Não raro, até mesmo pessoas mais experientes nesta atividade ainda se debatem com seus medos, temerosas de falhar na hora H. Há quem patine na carreira justamente porque não quer se expor a um eventual vexame, caso lhe faltem as palavras certas ou mesmo a coerência ao tratar o tema que lhe cabe.

Pois saiba que há meios de vivenciar esse desafio e vencê-lo com elegância e desenvoltura. Nossa proposta, aqui, é justamente esta: oferecer os melhores instrumentos para que você desenvolva a boa comunicação. Nosso objetivo é contribuir para que você fale bem em público em qualquer circunstância, quer seja diante de uma grande platéia, para pequenos grupos ou mesmo para uma única pessoa a quem deseje comunicar algo de maneira clara e convincente. O que você aprenderá neste livro vale, portanto, para situações da vida social, política, pessoal e profissional. Interessa a quem quer que tenha de enfrentar momentos como uma prova oral em concursos, dar aulas, defender uma tese acadêmica ou submeter-se a uma entrevista para um novo emprego ou para a imprensa. E quem quiser pode usar essa capacidade de comunicação para um ato muito particular e delicado, como declarar seu amor a alguém.

Disse Rubem Alves: "Todos aqueles que têm a ousadia de falar e escrever acreditam, ainda que de forma tênue, que o seu falar faz alguma diferença". É o nosso caso. Acreditamos na palavra como instrumento de crescimento pessoal, de justiça social, de revolução e de poder exercido em prol do bem coletivo. Nós, seres humanos, podemos — e devemos — fazer o melhor uso desse sagrado instrumento que é a palavra. É algo que se aprende e que se aperfeiçoa na prática. Há que estudar os fundamentos e experimentar. Só assim vêm a segurança, a desenvoltura e, sobretudo, a transparência.

Nosso objetivo é contribuir decisivamente para que você saiba expor ao próximo suas idéias, sentimentos e pensamentos. E também para que se aprimore na delicada e gratificante atividade de comunicar-se muito bem. Assim, à abordagem teórica acrescentamos exercícios para treinamento prático, que em muito o ajudarão a vencer as dificuldades, ressaltando, por outro lado, aspectos espontâneos e positivos que todos temos e devem ser explorados quando nos dirigimos a outras pessoas. A missão é construir e consolidar a *arte de falar bem em público.*

Esta arte — falar bem em público — é bem mais ampla e gratificante do que um simples reconhecimento de um bom orador possa sugerir. Como diz Artur da Távola, "a palavra é a expressão por excelência do pensamento. Quanto mais o expresse, amplie e o conduza a profundidades, mais fecundo o torna". Aprimorar a comunicação, portanto, é ampliar cada vez mais nossa capacidade de raciocínio. Nesse sentido, na verdade, enquanto estetas da fala, somos também (e quem sabe até principalmente) serviçais do pensamento. Sem a palavra não há construção de pensamento. Sem a palavra, jamais expressaríamos idéias, uma capacidade que ficaria condenada ao degredo interno, às nossas profundezas, como mistérios até para nós mesmos.

É bem verdade que a palavra pode ser posta a serviço do mal ou do bem. Trata-se de uma questão de escolha, porque as pessoas que dela fazem uso desenvolto sabem perfeitamente a que estão servindo. Líderes históricos de grande capacidade de expressão demonstram bem a que ponto pode chegar essa possibilidade. Levam as massas a um estágio mais avançado ou à volta à barbárie. A palavra é um sagrado instrumento para caminhar em busca da verdade: defini-la, concebê-la e propagá-la.

Cremos, profundamente, na palavra como instrumento do bem. Concordamos com Jacques Maritain: "Uma única palavra é mais preciosa que toda uma vida se, pronunciando-a, um homem desafia um tirano em defesa da verdade ou da liberdade". Assim, temos a certeza de que a palavra — infelizmente usada muitas vezes como instrumento da injustiça — deve ser um luminoso veículo do bem, da igualdade, da tolerância e da solidariedade. Nunca palavras soltas, sempre acompanhadas de gestos. E, claro, a serviço da evolução e da luz, a única forma humanamente possível de derrotar as trevas da ignorância, da opressão ou da tentativa de diminuir a própria condição humana em seus sublimes direitos e deveres.

Muitos de nossos heróis, ao contrário do que diz a música, não morreram de *overdose*. Inúmeros morreram por terem usado a palavra, escolhido boas causas e nestas empenharem suas vidas. Por seus discursos e gestos, eles mudaram o mundo e deixaram sua marca indelével na história. Sempre lembrados como inspiração, em uma trajetória humana em constante mutação, sem que a importância do Verbo e da Ação percam seu poder, sedução e encantamento.

O TREINO É (QUASE) TUDO!

Todos nós, atualmente, temos uma relação tão grande de coisas para fazer que as 24 horas do dia parecem insuficientes para dar conta de tudo. Esta é a primeira e mais sentida queixa — a falta de tempo — de quem pretende falar bem em público e fica sabendo que terá de treinar. A resistência começa exatamente neste ponto. Mas, sim, terá mesmo de treinar! Nada acontece na vida como num passe de mágica; ninguém pensa "eu quero captar o interesse de qualquer platéia" e já sai por aí fazendo bonito. Os melhores profissionais em suas áreas sabem muito bem o quanto tiveram e ainda têm de se dedicar para garantir a excelência.

Quem quer se comunicar bem em público tem de aprender a fazê-lo, e isso, além de conhecer os fundamentos, requer prática. Assim, comece com o propósito de vencer a limitação que o paralisa quando tem de se expor, e disponha-se a praticar os exercícios que encontrará neste livro. Acredite: são poderosos! De preferência, abra um espaço na sua agenda (observe bem, sempre há o que descartar) dando prioridade a este aprendizado, caso realmente o considere fundamental para sua carreira. E é, seja qual for a sua atividade. Então, parta do princípio de que este aprendizado está entre as prioridades de seu cotidiano. Quanto mais você se conscientizar disso e realmente abrir espaço a ele, melhores (e até mais rápidos) serão os resultados. A prática se encarrega de consolidar os fundamentos e ampliar ainda mais as novas possibilidades que você agrega a seu perfil.

Para não "cair de pára-quedas", aproveite bem este livro, juntando a leitura às ações propostas. Esta é a mescla ideal para construir em você a capacidade de se comunicar bem em qualquer circunstância.

Caso, porém, não haja possibilidade de ler e realizar o treinamento em seguida, abra um novo espaço para isso. O principal é juntar as duas coisas: a leitura e a ação. Esta é a mescla ideal para completar o trabalho, construindo em você a capacidade de se comunicar bem em qualquer circunstância. Lembre-se: estamos sempre falando em público, desde um simples cumprimento de passagem a uma apresentação diante de alguém ou de platéias. Por isso é fundamental preparar-se. Saber fazê-lo sem drama.

Em último caso, se quiser apenas ler o livro sem praticar os exercícios, a reflexão aqui proposta também pode ajudar muito, trazendo como resultado sensíveis mudanças na sua postura, especialmente na organização de uma exposição. Provavelmente lhe dará coragem para explorar uma parte de si que permanece oculta: o potencial para ser, de fato, alguém que se comunica bem demais. E que pode aperfeiçoar esse talento pouco explorado (geralmente por medo) nas diversas situações do cotidiano. Acredite: basta tomar consciência. Aos poucos você perceberá como pode melhorar sua maneira habitual de se expressar. Até mesmo ao prestar atenção em seus interlocutores para perceber-lhes as reações e dar-se conta de seu interesse ou alheamento diante do que você está expondo.

Uma de nossas premissas equivocadas é a de que basta expor argumentos para que sejam imediatamente absorvidos por outras pessoas. Muitas e muitas vezes isso não basta. É preciso encontrar a maneira certa de expor esses pensamentos, de chegar ao coração e à mente de quem nos escuta, ou, antes, dominar os recursos que podem cativar nossos interlocutores, fazendo com que prestem atenção no que falamos.

Parte 1

A construção do comunicador

"A palavra, segundo se sabe,
é um ser vivo."
Victor Hugo

Abaixo o tabu da personalidade

Nosso objetivo ao nos comunicarmos é que aprovem e assimilem nossas fundamentações ou argumentações. Entre o desejo e sua consecução há uma série de detalhes que podem funcionar como barreiras sem que percebamos. A insegurança é um de nossos principais inimigos internos. Se, de saída, desacreditarmos de nossa capacidade de captar o interesse e a aprovação da platéia, então não há milagre capaz de fazer o contrário. Essa insegurança vai permear toda a nossa exposição, contaminando-a de maneira irreversível. É fácil perceber os sinais de insegurança: gaguejamos, permeamos a fala de cacoetes verbais ou de "brancos" (aquelas pausas evidentes de quem perdeu o fio da meada), assumimos posturas corporais de derrota, não vemos a hora de acabar com esse martírio e, então, deixamos de focalizar nossos argumentos... Se não acreditamos em nós, quem acreditará?

Assim, a atitude correta para começar é acreditar em nós mesmos e em nossa capacidade de expressar o que queremos da melhor maneira. E trabalhar neste sentido, ou seja, encarar o desafio de falar em público, transformando esse momento no melhor de nossa vida todas as vezes que precisarmos fazê-lo. Para tanto, aceite a necessidade de se expor e trate de se conhecer muito bem, para usar suas qualidades e corrigir suas falhas. O talento para a comunicação pode e deve ser construído passo a passo, com entusiasmo e certeza de que chegar lá é preciso o primeiro passo e, depois, ir dando um de cada vez. Haverá muito mais adiante. A cada vitória, um novo e gratificante motivo para continuar aperfeiçoando este diferencial.

Quando nos comunicamos, queremos que os outros aprovem e assimilem nossas fundamentações ou argumentações.

Nem mesmo uma natural timidez ou introversão pode impedir alguém de fazer uma bela figura diante de uma platéia. Assim, deixe de se apoiar em uma muleta como esta, caso esteja nesta categoria de pessoas. O remédio para superar as próprias limitações — naturais ou construídas ao longo do tempo — é treino, é exercício constante e dedicado. A disciplina faz toda a diferença. Liberte-se do jugo da timidez. Sim, porque esse traço de personalidade é uma espécie de tirania, que impede alguém de ser em toda a sua potencialidade. Impeça que a timidez mantenha o controle de sua vida. A virada começa com um ato de vontade, de tomar a vida nas próprias mãos, decidindo o que fazer com ela a cada passo. Saiba que introversão e timidez são perfeitamente superáveis quando se percebe, ou seja, quando se toma consciência do quanto nos limitamos por nos entregarmos a uma característica que pode ter sido gerada ao longo da vida, por inúmeras circunstâncias, até mesmo por experiências negativas no passado. Superar essa característica é a chave para abrir perspectivas novas e muito mais amplas.

A comunicação pode ser até mesmo uma grande virada para as pessoas tímidas. Esta afirmação parece contraditória, mas não é: quem fala em público está no controle de sua vida graças a um bom preparo que lhe confere a segurança para assim permanecer — em liberdade e exercendo a capacidade de usar uma argumentação firme e bem executada. Nada melhor do que se superar para construir a auto-estima em bases realmente sólidas. *Falar é exercer poder*, e quem é naturalmente tímido não pode se condenar ao eterno jugo de um traço de personalidade, até mesmo porque esse traço pode ter sido cada vez mais acentuado ao longo do tempo. Sua existência não pode impedi-lo de se comunicar perfeitamente. Use suas próprias limitações como forte motivação para, superando-as, evoluir. A discrição típica das pessoas tímidas pode ser um bom instrumento para trabalhar o raciocínio, a argumentação. As características individuais são bases sobre as quais erguemos outros padrões. Ninguém tem o direito — para seu próprio bem — de se acomodar. *Grandes oradores são fruto de muito treino e exposição.*

O importante é que todo comunicador, independentemente de sua personalidade, deve conduzir seu foco de atenção, todo o seu empenho e vontade para o que vai dizer e como. Atores são bons exemplos de como esse processo pode ser infinitamente gratificante: quanto mais aprendem e praticam, mais são capazes de exercer a vocação. E uma vocação, enquanto não sedimentada em sólida formação e prática, é apenas uma tendência. Isso vale também para a extroversão, o oposto da timidez, um traço que por si só não garante boa performance ao falar em público. Talvez apenas torne o momento menos sofrido a princípio. Mas o trabalho para se preparar é semelhante. Há todo um processo de otimização dessa característica pessoal. O extrovertido corre até mais risco, porque tende a falar demais, às vezes, a extrapolar e a divagar, esgarçando o interesse da platéia. Assim, não importa tanto como você é. Nada constituirá impedimento para que você fale bem em público, desde que descubra exatamente seu perfil e daí parta para o aperfeiçoamento. *Ninguém nasce pronto. É tudo trabalho de construção.*

Tanto o tímido como o extrovertido podem se comunicar com desenvoltura, a depender do tanto que se envolvam na tarefa. Aprender é antes de tudo um ato de vontade. Assim, a partir de agora, trate de jogar no lixo mais próximo seus mais profundos receios de falhar diante de platéias. Substitua esse medo pela vontade de moldar um novo perfil. Com disposição para aprender técnicas específicas e dedicar tempo ao treino, com disciplina e perseverança. Só assim será possível direcionar seu investimento pessoal para a aprendizagem e simultâneo aperfeiçoamento da comunicação.

...a partir de agora, substitua seus mais profundos receios de falhar diante de platéias pela vontade de moldar um novo perfil.

FRIO NA BARRIGA, CORAÇÃO AOS SALTOS

Pulsação acelerada, coração aos saltos, sudorese intensa são algumas das muitas reações corporais que alguém experimenta quando tem de falar em público. Há quem sinta tudo isso até mesmo ao se imaginar na situação. Mas a reação mais freqüente é aquele desagradável e incontrolável frio no estômago. Na verdade, este sintoma clássico é uma síntese dos demais, uma soma de ansiedade, preocupação, medo antecipado e até fantasias com terríveis situações de embaraço e fracasso. Esse sintoma não pode nem deve ser ignorado ou subestimado. Tem de ser tratado, e o remédio é mais simples do que possa parecer, embora requeira disciplina: trata-se de trabalhar positivamente a idéia de se expor, como algo que faz parte da vida e, caso não haja uma inclinação natural para isso, se vá aos poucos construindo as condições para superar essa limitação. Sim, porque é uma limitação, e como tal, superável. Desde que a pessoa queira.

Nunca é demais lembrar que todos os que sucumbem ao pavor de falar em público se condenam a viver com extremas limitações, até mesmo de progredir profissionalmente e de aperfeiçoar a capacidade de se comunicar em círculos restritos e nas relações absolutamente pessoais. O ponto fundamental da questão é comunicar-se da melhor forma, seja para muita gente ou uma só pessoa. E isso requer, repetimos, conhecimento e prática constante e de modo disciplinado. Atenção: já que estamos falando em disciplina, é bom absorver esta palavra sem preconceito. Trata-se de fazer algo com método e continuadamente. Para seu próprio bem.

Imagine o quanto será benéfico para sua auto-estima superar a dificuldade de falar em público, se você enfrenta esse problema, ou de aperfeiçoar uma capacidade que já tenha, mas ainda não usa em toda a sua extensão, para que o potencial oculto aflore. Tudo começa com a atitude de enfrentar as sensações desconfortáveis e agir com determinação para eliminá-las uma a uma. Quem experimenta isso sabe o valor dessa coragem. É um ato grandioso, que pode levar a momentos memoráveis, decisivos, mesmo em termos de progresso pessoal e de projeção social, no melhor sentido da expressão.

Não é preciso ter como meta transformar-se em uma pessoa com imenso poder de oratória. Ninguém deve se obrigar à perfeição. Mas, na verdade, quem começa por superar pequenos obstáculos chegará aos grandes com muito mais vantagem e bagagem. Basta, para começar, dispor-se a vencer as limitações iniciais e a enfrentar o público da melhor maneira possível a cada vez. Isso significa *dar o melhor de si ao mundo*. Dê o melhor de si e as pessoas vão gostar de ouvir o que você tiver a dizer. Do mesmo modo, aos poucos você também se acostumará a gostar disso. Não apenas porque estará superando suas limitações, mas sobretudo porque estará usando com desenvoltura o sagrado poder da palavra.

Saiba que até mesmo os grandes oradores costumam sentir sensações desagradáveis quando se preparam para falar em público. Muitos ficam nervosos, ansiosos, com frio na barriga. A diferença é que não se deixam vencer por isso, aprendem a lidar com as emoções mais difíceis, superando-as a cada passo. Sem se condenar à imobilidade. Ao silêncio.

Mas, então, como lidar com as palavras da melhor maneira, quando todos esses fatores ativados pelo medo invadem nossa mente, sabotando-nos os pensamentos? Como trabalhar com o temor do fracasso, do falhar diante de tanta gente, do ridículo? Como lidar com o "frio na barriga" que muitas vezes fica ali, como um pesado fantasma, antes e durante nossa apresentação? Como diminuir a confluência de sensações desagradáveis e evitar que nos controlem a ponto de nos impedir a exposição? Como evitar que contaminem nosso raciocínio, para que este não seja prejudicado pela tensão a ponto de parecer obscuro e sem nexo? Sim, as grandes questões a enfrentar são estas, sintetizadas pelo pavor de falhar, de passar vergonha, de não encontrar as palavras adequadas aqui e ali ou durante todo o percurso, do início ao fim do discurso.

Nossa proposta, aqui, é fazer com que você mergulhe em um saudável processo de autoconhecimento e de treino com os exercícios disponíveis ao longo da obra. Descobrirá em si — pode ter certeza! — uma série de novas possibilidades de expressão, com as quais provavelmente nem sequer havia sonhado. Substitua, portanto, a energia desperdiçada em autodepreciação e negatividade por uma atitude mais positiva e confiante. É possível, sim, preparar-se para se comunicar bem e de maneira transparente, sobretudo enfrentando seus próprios e prévios receios, e sem permitir que eles o dominem. Aqui, você terá bons instrumentos para fazer isso, mas a prática é responsabilidade sua. Sem disciplina e prática, os exercícios permanecerão apenas como proposta, ou seja, ficarão na teoria. A síntese está nas suas mãos!

Antes de tudo, reconheça uma verdade indiscutível: a boa comunicação implica muito mais do que simples palavras reunidas de maneira a fazer sentido. Se assim fosse, bastaria apenas decorar qualquer discurso e repeti-lo diante de qualquer platéia. Comunicação é muito mais do que isso. Começa com o preparo íntimo, com a certeza de que estamos no controle de nossas ações e pensamentos, e passa pelo treino constante e de bom grado. É importante a atitude que você assumirá perante si mesmo com o compromisso de se comunicar, de se expressar bem diante de quem quer que seja. Para tanto, aprenda a superar suas falhas e lacunas e, sobretudo, a usar suas qualidades, mesmo as que não estavam na superfície. Certamente, descobrirá um novo universo de possibilidades para fazer de cada uma de suas apresentações um momento marcante, emocionante e convincente.

Acredite em si e garimpe suas próprias maravilhas, escondidas sob suas camadas de temores. Procurar preciosidades leva tempo e exige trabalho, mas ninguém duvida que encontrar diamantes vale a pena! Eles estão todos aí, à sua disposição. Comece agora mesmo e surpreenda-se com o que vai descobrir. Boa e profícua viagem!

...até mesmo os grandes oradores costumam sentir sensações desagradáveis quando se preparam para falar em público. Muitos ficam nervosos, ansiosos, com frio na barriga. A diferença é que não se deixam vencer por isso...

O GARIMPO ÍNTIMO

Para entender bem como funcionam os medos — seja os antecipados ou os que nos assombram exatamente no momento de falar em público — é preciso ter a auto-imagem bem definida e fiel à realidade. Isso significa que você tem de saber muito bem como são as suas reações diante de uma platéia, seja grande ou pequena. Tem de conhecer seu próprio comportamento, sem fantasias, para ter uma boa noção do que transmite ao público. Nesse trabalho de autoconhecimento é imprescindível tanto a coragem de se encarar como a generosidade para gostar de si, para se admirar no conjunto formado por suas qualidades e defeitos. As primeiras podem ser aperfeiçoadas; os segundos, superados. Mas, ao observá-los, é fundamental não parar neles, não se condenar a conviver eternamente com eles. Todos nós mudamos, e isso faz parte da evolução. Quem se condena ao imobilismo sempre permanece onde está e barra qualquer possibilidade de seguir adiante, de ascender a novos e melhores patamares.

Então, *goste de* si. Cultive a auto-admiração e, ao mesmo tempo, trabalhe sua capacidade de superar-se a cada momento. Quem se contempla e se aceita, geralmente não se preocupa com a possibilidade de rejeição, simplesmente segue seu próprio rumo, ampliando suas perspectivas. Reduz, ou mesmo elimina, o risco de pressão produzido pelo temor das opiniões alheias. Conquista liberdade de ação. E quanto mais aperfeiçoar essa qualidade, a da independência em relação às críticas, mais condições você terá de se expor publicamente e de convencer audiências.

O começo de tudo, a base, é a construção e a consolidação da *auto-estima*. A partir daí será possível definir, analisar e "quebrar" vícios instalados sub-repticiamente e capazes, eles sim, de prejudicar sua performance. Parta também de *objetivos viáveis*, em um passo a passo ascendente que reforce a sua confiança. Nada, portanto, de almejar a perfeição no primeiro movimento. Ela é sempre um processo feito de inúmeras pequenas vitórias que sedimentarão uma estrutura forte e perene. Evite, portanto, a tentação de comparar-se com paradigmas da comunicação. Em vez disso, aprenda com eles, observe como atuam — certamente essa observação lhe renderá também interessantes lições de vida. Os profissionais da comunicação podem ser um grande estímulo quando vistos como fonte de aprendizado, e não como ideais a se atingir. Você construirá seu próprio e único perfil — valorizando suas qualidades (as conhecidas e as descobertas) e trabalhando suas dificuldades, não como campos de imobilidade, mas sim plataformas de expansão.

Comece por visualizar-se em ação, falando a um público de maneira competente. Com fluência e assertividade expressas não apenas na fala, mas também no gestual, na atitude.

AS APARÊNCIAS NÃO ENGANAM

O corpo todo comunica durante uma exposição ao público!

Além do conteúdo que expressamos pela fala, comunicamos com o olhar, a expressão facial, as mãos, os gestos, a postura do corpo, a roupa, a voz e suas inflexões, o ritmo e até o próprio silêncio, nas pausas que podem — e devem — ser usadas... Enfim, tudo comunica algo!

Às vezes, pela harmonia geral, o valor desse conjunto é tão grande que o orador se encarrega de agregar muito mais importância ao conteúdo, causando impressão mais decisiva que o eventual impacto gerado pela leitura de seus discursos. "Há oradores que são indissociáveis de seus discursos. A voz, o gesto, a expressão fisionômica, a teatralidade da oração, tudo isso compõe um conjunto de valores que, ausentes do texto escrito, nos desapontam na eloqüência posta no papel" — ensina o grande escritor Josué Montello, que certamente sabe muito bem do que está falando.

Da mesma forma, há escritores excepcionalmente talentosos, mas que não se saem bem no uso da fala em público. A palavra sempre manifesta seu poder por meio de dois instrumentos: a fala e a escrita. Há quem seja competente nas duas formas, mas há também os que se sobressaem em apenas uma das modalidades. De um modo ou de outro, marcarão presença sem permanecer na média dos que se condenam ao silêncio e jamais se manifestam.

Quando uma pessoa tem medo de se expor, todo o seu conjunto refletirá claramente essa limitação: a voz, o olhar, o gestual, a postura do corpo. Não dá para tentar esconder isso, e a platéia capta com suas sensíveis antenas. Nós produzimos os resultados que queremos. Assim, se dominados pelo medo, não podemos esperar admiração de ninguém. Não há artifício que supere a verdade. Nem temos o direito de imaginar que é possível sair-se bem de desafios como este sem nenhum preparo, como se fosse um passe de mágica. *Tudo requer observação, análise e esforço.* A autoconfiança é reconhecida de longe.

Os estereótipos

Para esclarecer bem o que estamos falando, vamos alinhar aqui exemplos de situações de comunicação muito corriqueiras.

> ***Situação 1.*** Imagine uma pessoa que, ao ser entrevistada, assuma a seguinte atitude:
>
> - Desvie o olhar do interlocutor, mantendo os olhos voltados para baixo, com uma expressão vaga, perdida, que certamente corresponde ao seu desconforto.
> - Aparente tensão no rosto, conservando uma expressão fechada, rugas entre as sobrancelhas, total ausência de sorriso.
> - Mantenha os braços cruzados ou as mãos travadas e os ombros baixos.
> - Fale com voz trêmula, fique o tempo todo ajeitando a roupa e tente usar a mesa que a separa da outra pessoa como um escudo, complicando mais ainda a impressão causada.
> - Não consiga manter a seqüência do raciocínio, permanecendo em silêncio durante largos instantes à procura do que dizer, gagueje ou use vícios de linguagem, com óbvia falta de convicção no que está fazendo.

Que impressão essa pessoa causará, senão negativa? Ela entra na situação como perdedora, sem se permitir a menor margem de êxito, mesmo que no conjunto apresente um conteúdo satisfatório. Ela se perderá nesse emaranhado de insegurança gritante.

Situação 2. Agora, imagine a mesma entrevista, só que a pessoa tem uma atitude oposta:

- Encara o interlocutor com um olhar de superioridade.
- Ri por qualquer coisa.
- Mantém as mãos nos bolsos ou os braços levemente tocando a cintura, em uma posição desafiadora.
- Usa um vocabulário rebuscado e elabora frases complicadas.
- Dá ênfase exagerada a determinados pontos e tenta fazer suspense com longas e controladas pausas.

A soma dessas características traduz superficialidade e artificialidade, ou, pior, arrogância, embora a intenção possa ser a de inspirar segurança ou descontração.

Em busca do ideal

Entre os dois extremos mostrados pelas situações 1 e 2, ambos indesejáveis, existem muitas formas de comunicação de excelente qualidade a serem exploradas.

Lembre-se de que a virtude normalmente está no meio-termo entre os excessos para mais ou para menos. Para que alguém seja considerado mau comunicador não é necessário, claro, que apresente todas as falhas que destacamos nos estereótipos. Basta, às vezes, a conjunção de duas ou três delas para invalidar a tentativa de encantar um interlocutor ou uma platéia. A pessoa arisca não passa segurança. E a exagerada também não, justamente porque é caricata, chama mais atenção pela maneira de ser que pelo conteúdo. Aparece mais do que o próprio discurso, mesmo que este seja bastante adequado. A atitude trai o orador. Como bem diz o intelectual americano Ralph Waldo Emerson: "Quem você é fala tão alto que não consigo ouvir o que você está dizendo".

Então, como se comunicar adequadamente com todo o corpo? Muita gente tem receio de se olhar no espelho, ou seja, de se observar como realmente é; outras pessoas procuram fixar-se apenas em seu melhor ângulo sob luz muito favorável. Olhar-se no espelho com o firme objetivo de se conhecer de fato é um excelente começo para analisar as qualidades a serem maximizadas e os defeitos a serem superados. Não é por acaso que os profissionais da dança, por exemplo, trabalham em salas com imensos espelhos. Eles têm de se ver antes de serem vistos. E serão os melhores observadores de suas próprias qualidades e defeitos para poderem atuar sobre ambos, de maneira a aperfeiçoar cada vez mais sua arte.

Veja-se antes de ser visto... Olhe-se no espelho para analisar as qualidades a serem maximizadas e os defeitos a serem superados. Analise hatibualmente suas posturas, atitudes e expressões.

Trate de fazer algo parecido com o que fazem os dançarinos. Olhe-se, senão com um espelho, com os olhos da mente, se assim podemos dizer. Analise habitualmente suas posturas, atitudes e expressões. Dê-se o direito de fazer uma palestra ou discurso apenas para o espelho e observe-se. Para ajudá-lo nesse processo, aqui vão algumas questões.

Você:

- Mantém sempre a coluna vertebral curvada e os ombros caídos?
- Evita olhar diretamente nos olhos de seus interlocutores diretos quando fala?
- Evita qualquer gesto, cruzando os braços por não saber o que fazer com as mãos?
- Gesticula exageradamente, para enfatizar o que lhe parece mais importante?
- Para evitar uma impressão de falsa superioridade, usa roupas desalinhadas na esperança de oferecer um visual despretensioso?
- Exagera no visual para chamar a atenção e garantir um mínimo de interesse para o que tiver a dizer?
- Protege-se atrás de algum móvel ou objeto ou fica mexendo nervosamente alguma chave, moeda ou caneta?

Se respondeu "sim" à maioria das questões, trate de mudar, trabalhando bem sua atitude para, enfim, responder "não" a todas.

Aparência

Seu objetivo, no que diz respeito à aparência, deve ser o de se apresentar de maneira elegante, sem excessos: do visual à postura do corpo. Ninguém confiará em um orador que não tenha uma postura firme ou cuja aparência seja descuidada, do mesmo modo que não confiará em alguém cuja postura, de tão firme, chegue a ser autoritária, e a aparência, de tão bem-cuidada, chegue a intimidar. Então, observe-se para otimizar o que tem de melhor e eliminar o que atua contra você. Atente para os detalhes, porque estes fazem toda a diferença. Alguém já disse que "Deus está nos detalhes". Realmente, os detalhes importam e devem ser cuidados. Isso implica ter uma visão completa de nós mesmos, não apenas do nosso interior, mas também do nosso exterior, porque ele — a nossa imagem — é a nossa interface com nossos interlocutores.

Além de se imaginar em situações de exposição ao público, pratique! Sim, fale! Fale para si mesmo, olhando-se no espelho, por exemplo, ou para um grupo de amigos que, como você, tenham a intenção de desenvolver e aprimorar a comunicação. Use este livro como base de apoio, ele lhe será muito útil. A prática isolada, íntima, também é poderosa e não deve ser subestimada. Se tiver uma câmera de vídeo, faça uso dela: grave-se fazendo uma apresentação de teste. Observe sua movimentação, a inflexão da voz, as expressões, os gestos. Ouça a gravação de áudio. Se possível, use também apenas um gravador de voz, que poderá levar sempre consigo.

Quando o exercício for coletivo, procure reunir pessoas que se comprometam com uma agenda mínima. Organize uma pauta de apresentações, preparando os temas com antecedência. Essa agenda deve ser contínua e factível. Os encontros têm de ser realizados com disciplina (datas certas e horários para início e término) e disposição para a crítica em mão dupla: fazer e receber. Há um ditado popular que diz: "quem elogia demais é seu inimigo e quem critica com propriedade é seu amigo".

A crítica é uma preciosa fonte de informações para aperfeiçoamento, da mais ácida à mais construtiva, em uma gradação de mínimo para máximo em termos de efeitos positivos. Como disse o escritor americano Norman Vincent Peale, autoridade em pensamento positivo, "o mal de quase todos nós é que preferimos ser arruinados pelo elogio a ser salvos pela crítica".

Com o tempo, nessas reuniões coletivas, além dos temas prévios, é interessante acrescentar exercícios de improvisação para treinar a criatividade, a capacidade de organizar rapidamente o raciocínio e de manter a calma, mesmo em situações não planejadas. Isso também costuma acontecer na vida real. Até mesmo os imprevistos podem ser previstos por quem se dispõe a explorar o melhor de si!

Equilíbrio de forma e conteúdo

Disponha-se a fazer o melhor desde o começo. Aliás, "o começo" é a grande oportunidade de o orador captar a atenção da platéia. Manter a atenção captada é algo que veremos mais à frente.

Vamos nos deter um pouco sobre "o começo", pois a primeira impressão tem de ser marcante. Pense nesse impacto inicial a partir de duas questões fundamentais:

- Como você iniciará a exposição?
- Há direcionamento para o assunto a ser explorado?

Parece óbvio, mas tenha sempre em mente que, antes de iniciar qualquer abordagem, é preciso *saber o que falar*. Isso significa um controle bastante seguro de toda a fala, com uma boa estrutura de começo, meio e fim. Os dois extremos — abertura e conclusão — devem merecer atenção especial. São definitivos em termos de impacto. A frase inicial pode ser decorada, pois esse recurso gera segurança ao comunicador. Mas, atenção: decore apenas isso. O restante tem de fluir naturalmente, pois foi preparado antes com todo o cuidado para que seja bem compreendido e tenha uma seqüência interessante. Não decorar o discurso é o que lhe garantirá espontaneidade. A platéia reconhece de imediato um discurso decorado. E geralmente não gosta. Francamente, aqui entre nós, você também não aprecia isso, não é mesmo?

Para as partes essenciais do discurso o orador pode se valer de um roteiro escrito em fichas discretas ou, melhor ainda, de recursos como o *data-show*, que ao mesmo tempo chama a atenção de quem ouve e ajuda o orador a seguir o roteiro previamente preparado. Se quiser, ofereça um resumo à platéia, como uma gentileza, mas sempre depois da apresentação. Ao elaborá-lo, você estará memorizando os principais pontos do que tiver a dizer; estará fazendo sua síntese particular. Isso, assim como treinar a exposição do conteúdo, ajuda muito na hora de falar.

Para treinar a exposição do conteúdo, apresente-se sozinho ou diante de familiares, caso estes, gentil e pacientemente, se disponham a ouvi-lo. É uma experiência que permite observar se eventualmente, aqui e ali, ocorrem falhas de roteiro.

Ao "ensaiar", lembre-se de que terá de encarar a platéia. Escolha pessoas que pareçam bastante envolvidas com o tema e olhe direto nos olhos delas. Confiantemente. Como quem está falando diretamente a cada uma delas. Olhe de maneira particular. Seja firme, mas breve, em cada um desses movimentos. Observe a reação de seus ouvintes de teste. De vez em quando, esboce um sorriso, sem nenhum exagero. Cuide bem da expressão facial. Ela deve apenas demonstrar que você está ali, presente, com toda a sua energia voltada para o que diz, porque acredita no seu próprio discurso. Treine o ritmo, a inflexão das palavras, a intensidade. Aos poucos, você observará como esse tipo de conduta ajuda, acalma e permite o aperfeiçoamento tanto de postura como de conteúdo.

Postura e conteúdo são dois aspectos de um mesmo conjunto e costumam ser mutuamente úteis, ou seja, o conteúdo pode auxiliar a forma e esta pode dar a ênfase correta àquele.

"Conteúdo + forma" é uma fórmula invencível.

Imagine um homem ou uma mulher de grande beleza. Uma bênção para os olhos, certamente. Mas, se ao se comunicar essa criatura for vazia, sem assunto, ou tiver sérias falhas de caráter, isso porá a perder boa parte de sua graça, não? E o inverso também é verdadeiro. Já dizia o poeta Vinicius de Moraes que "beleza é fundamental", lembra-se? Assim, o ideal mesmo é quando ocorre a mescla de beleza na forma com bom conteúdo.

Nunca podemos nos esquecer de que grandes verdades já foram suplantadas por ilusões e mentiras defendidas por grandes oradores. Não por acaso, o Marquês de Maricá afirmou: "os mais arrojados em falar são ordinariamente os menos profundos em saber".

A palavra tem poder, mas se conseguirmos dar ao conteúdo uma forma sedutora e agradável cativaremos qualquer platéia. Esta é a grande fórmula que todo bom orador costuma usar. Mesmo que não seja uma criatura de grande beleza, e muitas vezes não é mesmo, o bom orador seduzirá pela condução iluminada do discurso, pela expressão, pela postura.

Procure obter uma soma de qualidades a seu favor. Como diz a música de Gilberto Gil, "a perfeição é uma meta", portanto não precisa ser obtida todo o tempo. É, isto sim, um objetivo de longo prazo, para o qual contribuímos a cada momento. Virá a seu tempo, com a experiência e o gosto pela coisa. Nem sempre um bom comunicador reúne todas as qualidades, mas trabalha para desenvolver gradativamente as que lhe faltam, consolidando ao mesmo tempo cada nova etapa vitoriosa no sentido de ampliar suas próprias perspectivas.

O medo costuma derivar da consciência das suas próprias falhas. Por isso mesmo é importante enfrentá-las com disposição de saná-las. Se esse fantasma aparecer logo de início, livre-se dele com uma intenção bem clara. Cada vez que esse medo é vencido, mais fraco se torna e com menos intensidade nos assombrará no futuro.

Um bom começo é tudo de que precisamos para seguir adiante. Daí o recurso da memorização apenas da primeira frase. O que garante a seqüência é o preparo prévio, o exercício, o domínio do discurso. Você já fez a sua parte nos ensaios, mas agora, diante da platéia, observe as reações dos ouvintes — cada platéia tem uma personalidade própria.

É muito interessante captar o que vem de retorno. Sua missão é falar sem perder o rumo nem as sensações que capta dos ouvintes. Acredite, isso não é difícil, e com o tempo fica não apenas fácil como altamente prazeroso. Afinal, você está ali para dar seu recado e tem de perceber se este está sendo absorvido. A experiência ajuda muito, mas desde a primeira vivência essa interação já produz seus efeitos benéficos. Experimente. Sem medo.

O PESO DO INIMIGO INTERNO

A oratória é uma importante ferramenta que se amola com o simples — e correto — uso. Até mesmo verdadeiros gênios, aqueles com alto grau de inteligência e conhecimento, já sucumbiram na hora H, por pavor de falar em público, imobilizados pela dificuldade de expressar o farto conteúdo que carregam. Muitas vezes, ao ser inquiridos — em provas orais, apresentações ou entrevistas — têm as respostas na ponta da língua, porque dominam seus temas, porém não conseguem transformar esse saber em palavras, e mesmo quando tentam, acabam se expressando sem a menor convicção nem energia.

Certa vez, uma candidata ao concurso da Magistratura do Ceará foi aprovada em terceiro lugar na segunda fase das provas — até esse ponto, ela fizera apenas provas escritas. A próxima e última etapa do concurso, porém, era oral, e aquela pessoa, que podia ser considerada brilhante pelos resultados até então obtidos, viu-se diante de seu maior tormento. Ela já havia feito uma simulação para enfrentar essa dificuldade com menos desconforto, dando-se a oportunidade de demonstrar que não lhe faltava conteúdo ao ter de se expressar de outra maneira que não fosse com papel e caneta. Havia uma expectativa de que ela se saísse bem, apesar do nervosismo característico nessas ocasiões. Ela, porém, não repetiu a performance do exercício prévio. Ao se deparar com seu inquiridor, transformou-se — literalmente — em outra pessoa. A mulher que havia feito com desenvoltura as duas primeiras fases tornou-se um ser à beira de um ataque nervoso, o rosto vermelho, as mãos geladas, em gestos repetitivos, uma pressionada contra a outra. Seus lábios perderam o brilho e a cor, tornando-se pálidos e trêmulos. Mal conseguia articular as frases, mesmo para as perguntas elementares. Não se articulava sequer para responder àquelas em que havia obtido nota máxima na fase escrita, tamanha a propriedade de seu raciocínio. Em síntese, não conseguiu a avaliação mínima. Foi derrotada por seu medo, porque, mesmo sabendo tudo, falava de maneira confusa e sem nexo.

Este é um exemplo real, que mostra muito bem como as pessoas que se deixam dominar pelo medo se sabotam. Mesmo que tenham todas as credenciais para vencer, fracassam. Quer porque se subestimam, quer porque superestimam o desafio, colocando-se de imediato em posição desvantajosa. Vencidas por suas próprias fantasias negativas. É um total contra-senso.

O mais trágico é que em uma ocasião como esta, em que está em jogo um cargo na Magistratura, os examinadores estão atentos ao conhecimento e também — e talvez mais ainda — ao equilíbrio emocional dos candidatos, ambos fatores de fundamental importância. É preciso que estejam certos de que o profissional se sairá bem em momentos de pressão. Um juiz, um promotor, um delegado de polícia ou a pessoa que esteja em qualquer outra atividade do serviço público tem de reunir condições para se sair bem em condições adversas. Ir mal em uma prova oral demonstra que provavelmente terá dificuldades para exercer o cargo. Assim, de modo oblíquo, mas absolutamente correto, são selecionados aqueles que reúnem todas as características, somando conhecimento e domínio da fala, revelando-se, portanto, maduros para suas missões. Certamente, na prática terão de enfrentar desafios muito mais complexos do que uma prova oral.

Do mesmo modo, na vida estritamente pessoal, conquistará simpatias com mais facilidade alguém que tenha mais desenvoltura na comunicação, ainda que não tenha boas intenções, ao contrário de quem as tenha, mas seja incapaz de articular uma boa conversa. Assim também um político, mesmo que honesto e com um bom programa, dificilmente terá como vencer um candidato com menos preparo, mas capaz de convencer o eleitorado com discursos competentes, cheios de argumentos convincentes. Há impressionantes casos na história para provar esta verdade. Basta citar apenas um, Hitler, que, não obstante todo mal que causou à humanidade, era um orador extraordinário, capaz de arrebatar multidões.

Você que está disposto a usar o poder da palavra tem, portanto, um duplo desafio: ter um bom conteúdo e apresentá-lo de maneira convincente, encantadora, absorvente. O seu progresso pessoal e o bem-estar do próprio planeta dependem disso. Trata-se de usar plenamente um potencial que está aí, no seu interior, à sua disposição, desde que você supere, realmente, sensações e fantasias negativas. Ao trabalho, então!

De frente para o perigo

Já sabemos muito bem, por experiência própria ou observação, que o medo de falar em público não se restringe aos que sucumbem a ele, mas se manifesta também naqueles que o enfrentam com a firme disposição de não permitir que esse medo os controle. Essas pessoas tratam de controlar o medo. Mesmo sentindo o clássico "frio na barriga", vão em frente, fazendo o que têm de fazer, apesar da insegurança que poderão sentir diante de uma eventual desaprovação.

Não brigue com o medo nem o alimente antes ou no momento da exposição. Procure, isso sim, entendê-lo, descobrindo de onde vem e por que se instalou. Trate de aceitá-lo, para poder elaborá-lo e, finalmente, eliminá-lo. É uma atitude muito diferente daquela que muitas pessoas assumem, alimentando o medo com sucessivas fantasias, o que só faz com que ele aumente, se reforce e cresça continuamente.

Para entender como funciona a atitude de aceitar o medo para ter condições de eliminá-lo, imagine o ato de acender a luz para acabar com os perigos imaginários que a escuridão pode suscitar. Acender a luz sobre o medo, portanto, é justamente encará-lo e não lhe dar grande importância. Sim, o medo existe, mas pode ficar cada vez mais insignificante, perdendo a força e o poder de controle que antes exercia sobre você. Aceitar sua presença como algo natural e controlável é a melhor atitude.

"Quando se vence o medo
começa a sabedoria."
Bertrand Russel

Comece por aí. Fortaleça sua capacidade de vivenciar tudo o que estiver à sua frente, sem se limitar. Afinal, se realmente souber o que tem a dizer, basta fazê-lo, seja diante de uma ou de centenas de pessoas.

A vitória sobre o medo é especialmente importante quando acontece na iminência da batalha, isto é, no momento em que você encara qualquer platéia, de um examinador (em uma prova ou concurso) a uma sala repleta de pessoas à espera de sua comunicação. Por mais que tenha se preparado, é humanamente impossível, mesmo à pessoa mais previdente, imaginar todas as situações com as quais irá se deparar na realidade, no momento da apresentação, da inquirição, do debate, da argumentação, da discussão, da entrevista profissional, da prova oral ou de qualquer outra situação que exija de você uma exposição oral.

É impossível projetar todas as abordagens que circundam determinada situação. Então, esqueça isso! Não é este o sentido do treino. Esqueça também a intenção de agradar a todos os ouvintes — é impossível prever tudo o que pretendem escutar, e nem estamos ali para agradá-los desse modo —, ali estamos para dar o nosso recado pessoal e intransferível. Parta de um único princípio: você mesmo se avalia, planeja e analisa o que faz. Trabalhe com disposição, disciplina e autocrítica.

- Você já se conhece e sabe do que é capaz entre o mínimo e o máximo?
- Você já se observou de fora, como comunicador, avaliando suas possibilidades?

Concentre-se no que tem a comunicar e na melhor maneira de fazê-lo. Valorize exatamente o que você espera de si mesmo e, a partir daí, convença os outros. É evidente que tudo começa no fato de acreditar no que diz. Sem isso, é impossível convencer. É como diz B. Calheiros Bomfim: "palavras vazias de sentimentos não ecoam na alma de quem as ouve".

Uma vez no domínio do conteúdo, trabalhe sua imagem a partir da imaginação:

- Vizualize-se na situação de falar em público, com toda a desenvoltura.
- Construa previamente o que pretende ser e como quer que as pessoas o vejam.

Faça esse exercício tanto para conhecer e projetar suas capacidades como para ter uma idéia de como será visto pelos demais. Chegará um momento em que poderá se questionar se já é possível observar-se plenamente de uma perspectiva externa, como se fosse alguém da platéia. Será capaz de entender como os outros o vêem? É possível saber quem é quando se comunica?

Defina algumas perguntas que possam ajudá-lo a evoluir e trabalhe para respondê-las da melhor maneira.

VALORIZE O QUE LEVA À EVOLUÇÃO

O trabalho de preparação demanda paciência e, sobretudo, empenho. Encare-o como um extraordinário caminho de descobertas para dentro de si mesmo.

Normalmente as pessoas prestam atenção em tudo e em todos, menos em si mesmas, e isso as leva a construir uma auto-imagem muito diferente da real. Por isso o caminho de imersão é necessário, principalmente quando realizado com a intenção de garimpar o que você tem de melhor e ainda não veio à tona.

Acredite, haverá gratas surpresas. Tanto do que existe em potencial dentro de você quanto do que é possível aprimorar uma vez descoberto. Nossos talentos, muitas vezes, são como as pedras preciosas que mineiros e garimpeiros conseguem detectar. Com sua visão profunda e experiência, sabem seguir os veios que os levarão ao melhor ou a pinçar, entre inúmeros cascalhos sem importância, aquele brilho que indica a presença do diamante bruto. Essa situação, para acontecer em relação ao seu melhor, demanda treino.

O caminho das descobertas fará com que você edifique sua própria identidade, como alguém capaz de se comunicar, e muito bem. Há nessa seara todos os diferenciais para realizar a tarefa com êxito, desde que a intenção seja positiva, ou seja, desde que se queira realmente encontrar as preciosidades. Mesmo assim, e em meio a esse processo contínuo de fortalecimento, saiba que o medo poderá voltar a assombrá-lo. Ele é sorrateiro e tenta se impor mesmo quando dominado. Usa subterfúgios, explora vulnerabilidades. Mas se você estiver no caminho do aperfeiçoamento, estará em condições de encarar essa dificuldade, que será cada vez mais sutil. Sabemos muito bem que determinada dificuldade, uma vez vencida, nunca mais nos parecerá tão grande quanto antes, quando nos imobilizava. Há o precedente positivo, e isso fará toda a diferença dali em diante. É, realmente, um marco.

Agora, toda vez que o medo reaparecer, reveja o que encontrou de bom em seu caminho de aperfeiçoamento da comunicação, valorize tudo o que conquistou a cada passo e mantenha o foco nesta imagem — a das vitórias (inclusive as que considera menores) —, apagando a cada passo a visão de dificuldades e temores. Dê, portanto, valor ao que realmente tem valor — o que é melhor para sua própria evolução —, descartando o que o leva de volta ao passado.

Você tem valores, idéias e pensamentos extraordinários. *Há coisas que você gosta, admira e acredita*. Há coisas que o fazem vibrar de emoção. Elas estão dentro de você, esperando que a luz de sua atenção as ilumine. Então, *falando ou escrevendo, é absolutamente certo que outros vibrarão na mesma freqüência*. Você apenas precisa agir — falar ou escrever — para que essa conexão se estabeleça. É uma via de mão dupla. Outros se emocionarão *como* e *com você*, e esse retorno positivo ressoará em você, vibrando.

Haverá alguns, ou muitos, a quem sua comunicação não tocará? Claro! E daí? Isso faz parte da vida. Não dê valor à reação dos que não reconhecem o seu valor quando ele realmente existe e se manifesta abertamente. Cuide, porém, de respeitar as pessoas com opiniões divergentes, as que não compartilham de suas idéias. Apenas siga em direção do que está na mesma vibração que você. É o que multiplica e dignifica. Vá buscar o que é seu.

Todos os grandes personagens da humanidade encontraram eco para suas idéias. Milhares de pessoas não concordavam com eles, mas isso não foi obstáculo para sua obstinação. Seguiram sempre adiante, superando limites, na corajosa divulgação pública do que consideravam correto. Houve até mesmo aqueles que encontraram quem discordasse deles a ponto de matá-los. Só para refrescar a memória, embora esses casos estejam sempre em nossa lembrança: Mahatma Gandhi, Martin Luther King Jr., John F. Kennedy, Tiradentes, Jesus Cristo. Sabendo disso, por que esperar unanimidade? Por que você acha que é justo ou razoável deparar-se apenas com aplausos?

Faça, então, seu discurso com a sua identidade e valores. Sua mensagem encontrará, com certeza, pessoas a quem iluminar. Não se preocupe com quem lhe diz "não" ou lhe vira as costas. Empregue toda a sua energia na direção de quem lhe disser "sim". Um bom discurso de quem acredita em si mesmo e naquilo que diz é a única receita para obter esse resultado.

Um discurso com fé carrega o mundo ou, às vezes, parte dele. Mas sempre faz grande, profunda e fundamental diferença.

Evite a tentação do perfeccionismo

Vamos partir do princípio de que você está agora em pleno processo de auto-avaliação positiva e indispensável, observando seu próprio comportamento e as sensações que lhe surgem ao se imaginar falando em público. Uma vez em curso este pré-requisito (lembre-se: é um processo contínuo, não o abandone achando que está completo) e incorporada a autocrítica, a etapa seguinte é o treino prático da boa comunicação.

Conheça-se em detalhes. Analise suas características e construa o modelo de comunicador que você pode ser. Saiba explorar suas qualidades e superar suas lacunas. Assim, responda sinceramente às seguintes perguntas:

- Como me conceituo como comunicador?
- Que qualidades de expressão mais se evidenciam em mim?
- Como preparo o que vou comunicar?
- Como me sinto nas preliminares?
- Como sou quando me comunico?
- O que está bom e o que não está e, portanto, pode ser aperfeiçoado?

As perguntas são fundamentais como instrumento de apoio para avançar no exercício contínuo da auto-avaliação. Se sentir muita dificuldade, prossiga, não use essa contingência como desculpa para desistir. Aliás, as dificuldades surgem exatamente para que as possamos superar. A *única pessoa que pode melhorar seu desempenho é você*, ninguém mais. Tudo está em suas mãos, em sua assertividade. Para melhorar, porém, é preciso justamente conhecer nossas debilidades, sem nos condenarmos a carregá-las por toda a vida. Mudar é possível, em qualquer etapa de nossa jornada.

Opiniões externas são bem-vindas, mas só devem ser acatadas se nos identificarmos com elas. Uma grande virtude que podemos desenvolver — e que não costuma vir do pacote à superfície — é a capacidade de *ouvir tudo e selecionar bem* os elogios e as críticas. Apenas uma pessoa mental e emocionalmente evoluída ou amadurecida é capaz de fazer este filtro de modo salutar, sem descartar informações importantes, mesmo quando vêm de pessoas que, por alguma razão, não apreciamos. Aprenda a não desperdiçar observações ou reflexões alheias, porque sempre são uma boa amostra de como os outros reagem aos nossos pensamentos, fala e atitude.

Habitualmente, podemos descrever com detalhes uma paisagem ou o comportamento de outras pessoas, mas descrever-se é sempre uma tarefa árdua e complexa quando ainda não estamos familiarizados com esse instrumento. A viagem mais longa, difícil e extraordinária é a que fazemos em direção a nós mesmos, ao nosso interior. Não perca essa viagem. O pensador Lao Tsé ensina: "aquele que vence o outro é forte, o que vence a si mesmo é invencível; quem conhece o outro é sábio, quem conhece a si mesmo é iluminado".

A auto-imagem definida com coragem e clareza nos oferece os elementos para evoluir, aprimorando o que temos de melhor, corrigindo falhas ou fazendo aperfeiçoamentos.

Faça o exercício de auto-avaliação continuamente. Você verá quanto é proveitoso manter-se focado em si mesmo, avaliando-se. Esta conexão pode lhe oferecer dados inestimáveis e pistas decisivas sobre seu comportamento. É preciso, porém, muito cuidado para não misturar este processo de verificação com suas próprias intenções. Uma coisa é o que você é a cada estágio, outra é a meta que pretende atingir. Se projetar imagens do futuro no espaço da auto-avaliação poderá chegar a conclusões equivocadas.

Cuidado, também, com uma armadilha que pode surgir: a de justificar-se quando se depara com suas falhas. O que você deve fazer é *constatar, avaliar e corrigir*. Você até pode procurar as origens, mas não como desculpa para se manter no mesmo ponto, e sim como pista para ultrapassar o que bloqueia sua evolução. Encare e entenda suas dificuldades com a firme intenção de superá-las. Trabalhe também com o desejo de explorar novas possibilidades, com uma intenção de uso e abuso.

É preciso que você trabalhe com uma visão positiva do processo, e isso nem sempre é simples. Às vezes, as pessoas não conseguem identificar e aceitar suas próprias qualidades — parece paradoxal, mas não é. Assim, não confunda autocrítica com negatividade, com sentimentos de autodepreciação. Analisar-se tem como finalidade seguir adiante, livrando-se do que pesa contra você e que muitas vezes é algo adquirido, e não natural.

Ninguém é feito apenas de qualidades ou de defeitos. Somos todos uma grande mescla. Assim, caso não tenha identificado boas qualidades em sua auto-avaliação, provavelmente você a fez com muito rigor, o que é negativo. O ser humano tem uma habilidade natural para a comunicação, mesmo que não goste de se expor, e essa tendência natural vem de uma série de características, até mesmo da necessidade de viver em grupo, e não isoladamente. Falamos, claro, na média!

Às vezes, o problema não é exatamente com a sua comunicação, mas com a sua auto-avaliação, pesando demais a mão ao se avaliar ou exigindo demais de si mesmo. O perfeccionismo em relação às pessoas e suas obras pode ser altamente destrutivo — quantos talentos já não foram sabotados por pessoas que exigiam demais de si mesmas? Não por acaso, o ditado popular frisa: "o ótimo é o pior inimigo do bom". Estabeleça um grau bom de atuação. Isso costuma ser suficiente até mesmo como base de aperfeiçoamento, e você não corre o risco de se anular completamente, condenando-se ao silêncio apenas porque não se considera o máximo.

Definir um patamar factível é a melhor maneira de seguir adiante, porque almejar inicialmente o primeiro lugar no pódio fará com que você permaneça de boca fechada, refém do medo e da perspectiva irreal, exagerada e impossível neste estágio.

Dê-se o direito de começar devagar, com espaço para cometer erros. Apenas as pessoas que assim fazem progridem e se aperfeiçoam.

A naturalidade é uma grande aliada, um guia ideal. Embora possa ser explorada, ajustada e aprimorada, ela se traduz em espontaneidade. Em síntese, consiste em ser quem você realmente é. Seja você, porque assim viverá de maneira mais intensa, com tudo a que tem direito.

Não há problema em se avaliar e repensar atitudes. Ao contrário. Ninguém nasce pronto para nada. Até aqueles que, pela facilidade com que se expressam em público, têm o que se costuma chamar dom para a oratória precisam se aprimorar para conquistar a excelência.

Mas, atenção! Não há um "padrão de excelência", mas o "seu padrão de excelência!". Defina-o, dando-se a oportunidade de atingi-lo sem queimar etapas. E explore-o.

Não se esqueça de que a comunicação é muito mais do que a simples oratória e seus recursos. Nem sempre os melhores professores são falantes, extrovertidos, engraçados. Há grandes e maravilhosos mestres introvertidos, "caladões", que jamais usam piadinhas para manter a atenção dos alunos. Com essas características, merecem respeito e consideração porque conseguem transmitir ensinamentos de maneira marcante. Se um deles tentasse mudar sua identidade provavelmente não teria tanto sucesso. Por isso insistimos que o padrão de excelência é absolutamente individual. Defina o seu.

Com essa avaliação e a construção de um perfil mais completo, explorando potenciais nunca usados antes, você poderá escrever uma nova história de sua vida, agora na qualidade de uma pessoa capaz de se expressar em público com desenvoltura. É um grande passo, que você pode e deve dar!

FONTES NATURAIS DE INSPIRAÇÃO

Muitas vezes passamos a vida inteira nos esforçando para confirmar uma imagem equivocada que outras pessoas fazem de nós, embora esta nada tenha a ver conosco. Às vezes tal imagem pode ser até mesmo o oposto do que somos. Mesmo assim, na tentativa de agradar as pessoas e evitar algum tipo de rejeição, tentamos corresponder ao que esperam de nós, e nos perdemos de nós mesmos. Rejeitamos nossa própria identidade, que fica ali, escondida, abafada, sufocada. Por isso, além de realizar a contínua e positiva autocrítica a que nos referimos, é fundamental completar esse mergulho com uma viagem em direção a nós mesmos, ou seja, ampliar o autoconhecimento sem concessões a fantasias alheias. Dito assim parece um contra-senso, mas agir contra nossa natureza não é incomum. Ao longo da vida, passamos por muitas formatações externas. Formatações tão profundas que, em alguns casos, precisamos fazer um resgate impressionante de nós mesmos. E esse resgate faz toda a diferença no âmbito da construção da pessoa comunicadora que se queira ser. Assim, comece por perguntar-se:

- O que realmente quero mudar ou o que realmente quero preservar em mim?
- Por que essas mudanças são necessárias e como posso fazê-las com êxito?
- O que realmente consigo mudar ou o que realmente acredito que não consigo mudar?
- Por que duvido de minha capacidade de mudar realmente tudo o que precisa ser mudado?

É importante refletir bastante a respeito da sua disposição para a mudança e responder minuciosamente a essas questões, por escrito, para ter à mão todos os elementos necessários à caracterização do seu tipo de comunicação, aquele que lhe é individual e único, e definir a construção do bom comunicador em você.

Se você já teve experiências anteriores em comunicação, analise como foi sua conduta. Procure observar-se a distância, com objetividade, como se fosse outra pessoa. Pense no discurso que preparou e em como o transmitiu, para verificar se a estrutura era boa, e os argumentos, convincentes. Mais que isso, pense em como se conduziu. As questões a seguir podem ajudá-lo nessa tarefa:

- Sua apresentação teve fluência, assertividade e energia?
- Houve momentos em que se perdeu um pouco?
- Teve lapsos de pensamento?
- Em que momentos sentiu suas palavras ecoarem na platéia?
- Conseguiu despertar empatia? Como?
- Se não conseguiu, o que impediu que a empatia acontecesse?
- Quando e como você ficou realmente à vontade?
- Nessa ocasião, mostrou-se como é, ou seja, manteve uma atitude autêntica?

Caso não consiga fazer essa avaliação para construir o comunicador que pretende ser, pense em uma pessoa que faça isso muito bem, mas não uma celebridade, e sim alguém presente em seu cotidiano, que faça parte de seu círculo de amizades ou dos colegas de trabalho. Pense no motivo que o leva a considerar tal pessoa competente em termos de comunicação e procure inspirar-se nas qualidades que ela tem, de acordo com seu conceito. Não se trata — atenção! — de imitá-la, mas sim de buscar inspiração a partir do que você mesmo valoriza e, portanto, tem a ver consigo.

Descubra que virtudes dessa pessoa o fazem admirá-la em sua comunicação e interação, seja particularmente ou em público. Destaque aquelas que você quer e pode desenvolver, justamente porque vão ao encontro da sua própria natureza. Às vezes, a soma daquilo que observamos em dois ou três oradores nos ajuda a construir uma boa “lista” de qualidades, com as quais criamos nosso referencial. Então, “tirando” lições daqui e dali, vendo quais se encaixam em seu perfil, em breve você terá elaborado uma verdadeira bússola para seu aperfeiçoamento pessoal.

É importante ter como referencial não estrelas da comunicação, mas pessoas do seu cotidiano, porque estas são bem mais próximas da sua realidade e por isso mesmo não lhe parecerá impossível ser como elas.

Quando se está em um processo inicial de aprendizado, os paradigmas têm de ser acessíveis. Os expoentes da comunicação, em especial aqueles que vivem dessa atividade, podem ser usados como fonte de informação, mas, de preferência, em um estágio mais avançado de seu treino. Certamente, à medida que você avança em seu trabalho de desenvolvimento, as técnicas utilizadas por esses profissionais ficarão claras para você, pois sua atenção estará mais aberta para detalhes que antes nem perceberia. Normalmente, quando alguém é instado a citar um bom profissional da comunicação, costuma se referir a jornalistas conhecidos da mídia, seja televisão ou rádio. Estes vivem da expressão. E não nasceram prontos. Trabalharam muito para chegar ao estágio em que estão.

Quando pensamos em comunicadores já consagrados, nosso potencial de comunicação, ainda não plenamente desenvolvido, corre o risco de cair em demérito, pois a comparação é desequilibrada, e até mesmo cruel. Além disso, há a tentação de imitar o modelo profissional, o que certamente anulará qualquer possibilidade de atuarmos com espontaneidade. Assim, evite pensar — ao menos no início do processo — que se transformará em um profissional da comunicação. Agora, seu intuito a curto prazo é construir seu perfil de comunicador, fazendo com que os momentos de falar em público sejam especiais, e não uma tortura, como antes. Nada como praticar para certificar-se de que isso é realmente possível.

... na tentativa de agradar as pessoas e evitar algum tipo de rejeição, tentamos corresponder ao que esperam de nós, e acabamos nos perdendo de nós mesmos.

A MARCA INCONFUNDÍVEL

Construir, não imitar. Um comunicador preserva sua identidade valorizando suas características individuais.

A importância de garimpar seus próprios talentos e apostar nas características individuais é evidente em diversos terrenos. Um bom exemplo de como isso funciona pode ser o do universo artístico — a música. Um cantor de grande talento costuma inspirar um bando de imitadores, que jamais deixarão de ser exatamente isso: simples cópias, e, nessa condição, sempre inferiores ao original. Basta lembrar de pessoas consagradas, como Roberto Carlos, e daquela que foi considerada uma das maiores intérpretes da música popular em nosso país, Elis Regina. Ela deixou inúmeros admiradores ávidos não apenas por ouvi-la nas gravações que deixou, mas também para saber como trataria outras composições que não chegaram a fazer parte de seu repertório. Houve quem tentasse imitá-la, para, quem sabe, herdar parte de seus fãs, mas mesmo chegando perto de seu timbre vocal, a ponto de, num primeiro momento, lembrar bastante a inspiradora, jamais houve quem se igualasse a ela. Por uma razão muito simples: não há dois seres humanos iguais. E o timbre ou o registro ou o sentido de ritmo são apenas parte de uma interpretação.

A alma de quem canta é única. Inimitável. Ninguém se consagra como cópia, por mais que tente. Isto é bem definido por Chico Buarque, quando diz: "Minha voz, se vós não sereis minha, vós não sereis de mais ninguém. O que é bom para o dono é bom para a voz".

Mas voltando à mesma e inconfundível Elis Regina, quem ouve seus primeiros discos quase não a reconhece, tamanha a diferença de suas interpretações iniciais para as que criou na maturidade de sua carreira. Ela mesma foi se construindo ao longo do tempo, aliando a um talento natural muito trabalho de autoconhecimento e de profunda exploração das técnicas vocais, para aprimorar seus próprios recursos. Altamente exigente, ela ampliava cada vez mais seus próprios limites, em contínuo aprendizado e procura pelo melhor na elaboração de seu complexo repertório. Era notória sua intuição para garimpar talentos no vasto mundo dos compositores, tanto antigos como novos. E personalíssima sua interpretação de clássicos e modernos.

O mesmo esmero pode e deve ser vivenciado quando se trata de comunicar, de falar em público. Cada indivíduo deve explorar suas particularidades, atuando à sua maneira, como uma expressão de sua própria identidade. É um trabalho delicado e gratificante, e que demanda vontade e grande empenho.

Claro, você pode se inspirar nos grandes oradores, assim como bons artistas se inspiram em talentos como Elis Regina. Mas é uma referência, tal como o aluno tem em seu mestre um farol para iluminar o caminho. Então, procure clássicos e veja o que ecoa deles em você, porque há uma sensação de conforto, de familiaridade com algumas de suas próprias características. Leia, se puder, grandes discursos da história da humanidade, até mesmo argumentações de filósofos ancestrais. Tudo isso entra como ingrediente na sua receita de construção e aperfeiçoamento do falar bem em público.

Cabe a você garantir uma marca indelével à sua comunicação, entregando-se à tarefa não apenas com recursos técnicos, mas principalmente com toda a sua emoção. Em síntese, a alma é o grande diferencial. Descubra todas as suas capacidades e utilize-as, pois certamente o resultado será único.

Avalie-se agora mesmo sob o seguinte prisma: você já tem condições de visualizar-se como alguém em pleno processo de construir suas habilidades para a comunicação?

Lista providencial

Com base em tudo o que vimos até agora, sobretudo no item anterior, faça uma lista contendo o que *quer mudar* e o que *não quer mudar* em você, como comunicador. Se entender que não há nada a alterar, alinhe o que pode ser aprimorado. Mas anote com detalhes. Vá fundo nessa pesquisa íntima.

Nós não temos o hábito de fazer listas, mas acredite: elas são importantes para o autoconhecimento. Registrar detalhes no papel é uma forma de captar pensamentos e reflexões que, de outra forma, seriam rapidamente esquecidos. Ter esses escritos à mão para reler é um bom recurso para se reavaliar a cada novo passo.

Entenda esse exercício da maneira mais ampla possível, relacionando qualidades e imperfeições observadas em todas as suas interações, sejam particulares ou diante de platéias.

Uma boa forma de chegar a esses tópicos é focando a atenção na reação das pessoas e também na sua própria visão dos fatos:

- As pessoas compreendem perfeitamente seus recados?
- Em caso positivo, por que você acha que isso ocorre?
- Em geral, você acha que as pessoas não o entendem?
- Se isso costuma ocorrer, por que você acha que isso acontece?
- Quais os sinais mais evidentes de que seus interlocutores captam perfeitamente o que você diz?
- Quando você prepara uma apresentação, as idéias esboçadas sempre lhe parecem claras?
- Sente dificuldade ao preparar apresentações? Cite quais.

Faça esse exercício de tempos em tempos, repassando a lista para eliminar itens superados e acrescentar novos, caso necessário. Essa lista será um contínuo instrumento de ajuda para manter e aperfeiçoar o que você tiver de melhor e corrigir ou excluir o que estiver atrapalhando. O princípio é o mesmo do autoconhecimento: o foco indica os caminhos a percorrer e contribui para a motivação no sentido de evoluir, porque mostra claramente os avanços.

Começaremos, a partir do próximo item, a explorar técnicas tradicionais, clássicas e fundamentais para estabelecer a boa comunicação. Observe se as reconhece ou identifica em algumas de suas atitudes quando fala em público. São dicas valiosas para quem quer que se habilite a melhorar a performance ao se comunicar.

Imagine determinadas situações de seu cotidiano, como a aula que irá ministrar, caso seja professor, ou a prova oral a que terá de se submeter em um curso ou concurso. Observe se os quesitos que analisaremos estão presentes quando você faz uma exposição. Caso não estejam, trate de incorporá-los.

Vencida a etapa da imaginação e da visualização, simule a aula ou a argüição para si mesmo, reservadamente, ou diante de amigos e/ou familiares dispostos a ajudá-lo como platéia piloto. Durante esses exercícios você terá mais condições de definir o que preservar e o que mudar. Então, volte à lista e complemente ou elimine itens.

O VALOR DOS CLÁSSICOS

Muitas são as técnicas consagradas para criar um perfil comunicador. Algumas são genéricas, outras dedicadas a situações muito particulares, como entrevistas ou provas e concursos públicos. Comecemos pelas que se aplicam a todas as situações.

Regras genéricas do bom comunicador

Cultive a clareza. Nunca comece a falar ou agir sem saber exatamente o que quer dizer ou fazer, qual é o seu objetivo principal e quais são as metas intermediárias, capazes de satisfazê-lo parcial ou temporariamente. Defina o que você quer, e não o que não quer.

Elabore alguns fechos e entradas. Memorize-os ou anote-os em um caderno.

Use ganchos. "Gancho" é um jargão dos meios de comunicação para se referir aos recursos para renovar ou provocar o interesse do leitor ou do espectador, e consiste de expressões ou palavras motivadoras, que você pode e deve usar.

Memorize algumas frases de efeito. Garimpe preciosidades em citações de personagens ilustres. Elas podem ser muito úteis.

Recolha histórias. Histórias interessantes ou fatos históricos relevantes para determinadas abordagens, ou mesmo piadas politicamente corretas e de bom gosto, podem criar oásis de diversão ao longo de seus discursos. Desde, é óbvio, que sejam adequadas ao tema e ao momento, funcionando quase como metáforas.

Amplie seus conhecimentos. Aprenda mais, principalmente a respeito da *história da Humanidade* e de suas grandes *personalidades*, pois são fontes inesgotáveis de inspiração. Inevitavelmente você encontrará situações semelhantes ou hipóteses em que o exemplo de algum personagem histórico pode ser útil e enriquecedor.

Faça a platéia visualizar imagens. Trabalhe com a *emoção* em suas narrativas; ofereça elementos que facilitem ao ouvinte a construção mental de um quadro ou filme, de modo que ele possa ver aquilo que você espera que ele veja, sentir-se no lugar em que você quer que ele esteja, e ouvir atentamente o que você estiver falando. Um bom recurso para prender a atenção em diferentes momentos da exposição é fazer citações não apenas de personagens históricos, mas também de pessoas da vida cotidiana, como uma criança ou um idoso, que sempre dizem coisas interessantes.

Mude sua perspectiva. Veja-se na situação de platéia, ou seja, na condição de ouvinte. Uma das técnicas usadas por advogados de defesa para absolver alguém é fazer os integrantes do júri se colocarem na mesma situação do réu, ou seja, fazendo aquilo que o levou a julgamento. Dificilmente alguém condena outra pessoa por fazer o que ele mesmo faria em circunstâncias semelhantes, isto é, com a mesma educação, trajetória de vida, sofrimentos e dificuldades. Bons defensores conhecem o poder deste recurso para criar empatia, o que abre caminho para a compreensão. No caso dos discursos, para tecer este elo, faça com que a platéia se coloque no seu lugar contando uma história pessoal, uma experiência, um erro ou um acerto seu. Este movimento de transposição é, por exemplo, imaginar o que as pessoas querem ou esperam ouvir, não para alterar o rumo do que você pretende dizer, mas para encontrar as melhores formas de chegar a elas, de modo que não construam barreiras para negar sua argumentação.

Trabalhe sua capacidade de gerar simpatia ou cumplicidade. Esta característica é tão valiosa para o comunicador que será abordada com mais profundidade adiante, em um tópico específico. Faça a pessoa sentir frio e ela mesma verá como é necessário um cobertor! Agite, mexa, faça com que seus ouvintes mudem de lugar e estará contribuindo para que mudem, também, de maneira geral.

Procure obter 100% de retorno. A receita para isto é a seguinte: trabalhe muito bem os argumentos, sabendo que são divididos em técnicos, práticos e emocionais ou emotivos. Os primeiros, ou técnicos, costumam influenciar em 15% seus resultados; os segundos, ou práticos, em 35%; enquanto os últimos, aqueles capazes de chegar ao coração dos ouvintes, têm uma influência maior, chegando a responder por 50% do seu êxito.

Promova variedade à platéia. O ser humano adora isto. Nada de fazer um discurso monocórdio, palavra que por si só já inspira sonolência. Mude o tom, a intensidade e a altura da voz. De vez em quando fale quase sussurrando, em tom confidencial, e em outros momentos aumente o volume para frisar determinados pontos. Faça pausas estratégicas. Respire profundamente em certos trechos da argumentação a fim de dar tempo para que os ouvintes absorvam o argumento. Repita as frases mais importantes. Desperte emoção e motive a atenção com variações de atitude e voz. Crie empatia com sutileza e graça.

Capriche na credibilidade. Inspire confiança na platéia, respaldando suas afirmações e argumentos com dados históricos, de estudos, estatísticas e pesquisas científicas, elementos de biografias, enfim, tudo o que agrega valor, a partir de fontes de autoridade incontestável.

Use a auto-referência, mas com parcimônia. Citar aqui e ali, quando apropriado, sua própria experiência é um recurso que reforça a credibilidade e o torna menos vulnerável à rigorosa crítica teórica. Mas é preciso ter cuidado para não descambar em direção ao culto da própria personalidade, pois a vaidade é uma péssima companheira. No jargão popular, "pega muito mal".

Mantenha a autoconsciência. Esteja sempre no controle do *que* diz e de *como* diz. Para chegar a esse estágio de segurança é preciso treino reservado (podemos usar a palavra "ensaio", preparação) e prática de falar em público. Nada substitui esses dois elementos fundamentais à formação do bom comunicador. Ambos, é claro, requerem disciplina (para fazer os exercícios) e coragem (para enfrentar o público, toda vez que surja essa oportunidade ou necessidade).

Cuide da sua aparência. A maneira como você se apresenta — o esmero e adequação do traje, o corte de cabelo, o aspecto geral do seu rosto — diz muito, ou seja, também comunica e pode contribuir positiva ou negativamente para sua ligação com a platéia. É nesses detalhes que está a chamada comunicação não-verbal.

Seja você em qualquer circunstância. Nada é mais forte que a profunda identidade de alguém que fala em público e ali se revela como um ser único e verdadeiro.

DIANTE DE EXAMINADORES

As regras que você acabou de ler constituem um importante instrumento para todas as situações em que é preciso se comunicar da melhor maneira possível e com tranqüilidade, mas há circunstâncias muito particulares para as quais vale ampliar a variedade de recomendações básicas: são as provas e concursos.

Em provas e concursos, à pressão de falar em público (um tormento para quem não se prepara e enfrenta esse desafio com menos constrangimento) alia-se a necessidade de saberes específicos. E sobre o estresse de agradar a quem ouve, há o de mostrar que domina conteúdos, além de expressá-los de maneira bastante compreensível e até mesmo envolvente.

A seguir, confira as regras específicas para essas situações, sem se esquecer, contudo, das recomendações genéricas, que continuam valendo. Trabalhe cada item e, certamente, se sairá muito bem.

Regras para se comunicar bem em provas e concursos

Prepare-se com uma visão positiva. Estude e repasse a matéria com a certeza de que irá absorvê-la ou recordar-se dela muito bem, caso já seja de seu conhecimento.

Trabalhe sua auto-estima. Ao mesmo tempo, durante a fase em que você se prepara com uma visão positiva, trabalhe sua auto-estima em relação ao momento da prova oral. Visualize-se calmo e confiante, com o corpo relaxado e a mente focada nas questões, para que seu cérebro possa processar — sem bloqueios — a informação armazenada.

Responda com clareza ao que lhe perguntarem. Esta é uma necessidade que deve permanecer em sua mente o tempo todo. Se tiver alguma dúvida sobre alguma questão, esclareça-a para formular bem seu raciocínio. O fundamental é entender corretamente o que está sendo solicitado.

Mantenha algumas entradas e fechos na ponta da língua. Para temas comuns em concursos, é útil ter em mente algumas entradas e fechos para iniciar e concluir sua fala (isto também é muito útil quando você ocupa a tribuna). Se houver alguma indagação em que possa usar esses recursos, faça-o, porque começar bem uma exposição, assim como concluí-la bem, ajuda muito. Sempre, é óbvio, com coerência e equilíbrio.

Use ganchos. Ganchos são providenciais, desde que usados com sabedoria. Jamais use expressões que possam chocar o examinador. Uma prova oral ou de tribuna não é o momento adequado para arroubos ou espetáculos. Sua meta é oferecer o melhor raciocínio, da maneira mais clara e contundente.

Memorize algumas frases de efeito. Procure frases de efeito nos discursos de personagens ilustres e encaixe-as com propriedade no seu discurso. Em concursos jurídicos, continua sendo interessante mencionar brocardos latinos.

Cite histórias interessantes. Tenha um bom repertório de histórias interessantes ou de fatos da história específica de seu ramo de conhecimento (Direito, Administração, Economia etc.), e cite-os, sempre relacionados ao tema em questão.

Piadas, nem pensar! Recurso de mau gosto para a ocasião, as piadas são absolutamente despropositadas em concursos.

Cultive sua bagagem cultural. Cultura é fundamental em qualquer atitude de comunicação; portanto, em provas e concursos ter bagagem cultural será um grande trunfo. Trate de ampliar seu conhecimento continuamente, de resto uma conduta imprescindível para viver em plenitude.

Motive o examinador a visualizar imagens, mas sem exagero. Cite exemplos pertinentes e simples, para reduzir o espectro de variações ou hipóteses. Trabalhe com a *emoção, sublinhando determinados pontos*. Use a sua sensibilidade. Conduza a narrativa com vivacidade e cuidado para dar ao examinador os elementos indispensáveis à construção mental de um quadro ou filme do que você quer que ele veja.

Não faça referências pessoais ao examinador. Se quiser criar empatia, cite casos hipotéticos. Empreste aos fatos narrados a sua opinião, mas balize-a, fundamentando-a em reconhecidas fontes de autoridade.

Jamais use cacoetes verbais. "Eu acho", por exemplo, é uma expressão vaga e não transmite firmeza. Se tiver de recorrer a esse tipo de "muleta", prefira "eu entendo" — é mais positiva. Mas, de preferência, elimine de seu estilo esses "cacos".

Faça as pessoas verem a situação de outro ângulo. Você pode mostrar o outro lado de uma situação, mas use esse recurso com muita cautela, sem fazer referências pessoais ou (pior ainda!) ao examinador, porque ele pode se melindrar. Evite riscos desnecessários com citações pessoais duvidosas e até mesmo (a depender da sensibilidade de quem ouve) indelicadas. Exemplos: "*Se eu matasse alguém, ilustre examinador, jamais confessaria!*", ou, mais grave: "*Se V. Exa. estuprar alguém...*".

Lembre-se da relação entre retorno e argumentos. Páginas antes citamos esta relação. Se precisar de mais elementos para trabalhar este quesito, poderá encontrá-los no livro *Como passar em provas e concursos*, que contém farto material de raciocínio jurídico e roteiros de argumentação e respostas (dê atenção especial ao item "cinco mulheres").

Evite o excesso de vaidade e a jactância. Seja moderado ao citar sua própria experiência e faça-o apenas se for realmente relevante. Ao referir-se a casos em que já atuou, atenha-se às questões técnicas que podem reforçar seu raciocínio. Não é o momento para fazer o chamado "marketing pessoal". Sua aprovação dependerá da competência em responder às perguntas que lhe fazem com imparcialidade.

Confie na sua competência e estilo.

Faça uma lista de seus avanços. É importante que você faça esse tipo de avaliação, porque reforçará sua confiança. Nada como perceber claramente os passos adiante. Isto o ajudará a valorizar suas vitórias. Não importa se pequenas ou grandes, todas contribuem para sua evolução. Observe também onde estão suas dificuldades com o intuito de superá-las; assim, faça também uma relação delas e vá eliminando-as à medida que as for vencendo com autoconfiança e treino disciplinado. Mantenha e aprimore suas qualidades e elimine as falhas. Acredite: é possível e, sobretudo, gratificante!

De frente para sua imagem

Um recurso fundamental para melhorar o desempenho é olhar-se no espelho. Poucas pessoas têm esse costume como parte da disciplina de aprendizado, exceto aquelas que trabalham diretamente com o corpo. Não por acaso, bailarinos e bailarinas — só para exemplificar — sempre treinam observando sua imagem. É assim que percebem seus avanços e falhas.

Faça o mesmo. Dê preferência a um espelho de corpo inteiro, para que você tenha uma idéia clara do todo, e não apenas da cintura para cima ou só do rosto. Você já sabe que a comunicação depende também da postura, dos gestos. É preciso que você observe suas atitudes a partir de uma perspectiva crítica positiva no sentido do aprimoramento, nunca da invalidação.

Ensaie as respostas na frente do espelho, imaginando que está diante da banca examinadora. Procure relaxar. Observe suas expressões faciais e postura. Encene extremos, ou seja, o que fará quando lhe perguntarem aquilo que mais anseia que caia na prova, porque você acredita dominar o assunto, e também o que mais teme, por que ainda lhe falta preparo suficiente.

Grave essas falas e ouça-as depois para ter uma idéia clara do conjunto — imagem e voz. Se tiver dúvidas, ouça novamente. A partir de uma real perspectiva de ouvinte, observe se o raciocínio é claro e convincente. Volte à matéria, repassando aspectos sobre os quais ainda tenha dúvidas. Reforce os temas que ainda não domina. Se possível, entre na prova com domínio de todo o conteúdo, mesmo o que lhe pareça mais impermeável.

Consulte amigos ou profissionais e até professores que possam ajudar. Leia o que puder em busca de esclarecimento, mas faça-o provido de uma real necessidade de aprender, e não apenas de absorver informações para seu objetivo imediato. A preparação é uma grande oportunidade de crescimento. Aproveite com entusiasmo, porque esta atitude ajuda. Se você encarar esse período como um martírio, os resultados talvez não sejam os melhores. Otimize o tempo empregado na tarefa de estudar.

Este exercício é eficaz também para o preparo de aulas, especialmente se você é um professor em início de carreira. A observação da própria imagem permite uma série de reflexões e correções de rumo. Você captará com mais facilidade seus tiques (repetições de palavras, expressões-muleta, pausas, gestos que denotam falta de confiança), o que facilita no processo de eliminá-los. Por outro lado, você poderá detectar também quando elabora raciocínios muito obscuros ou mesmo com falhas de lógica. O fundamental é olhar sua imagem com uma visão crítica construtiva. Nunca é demais lembrar que a intenção deste exercício é aperfeiçoar-se, e não se martirizar.

Olhar nossa imagem no espelho também faz parte do contínuo processo de autoconhecimento. Haverá surpresas, certamente. Em especial para quem nunca se dá ao trabalho de se observar. Em geral, as pessoas constroem uma imagem de si mesmas que, não raro, é distante da realidade. Perceba, por exemplo, se as roupas que você usa o favorecem ou desfavorecem. É sempre aconselhável apostar na simplicidade elegante. Um traje despojado não é sinônimo de roupas descuidadas. Cuidado para não passar uma idéia de pessoa relaxada, que não dá a mínima para a sua própria aparência. Nem exageros, nem descaso. O ideal é o meio-termo, a elegância discreta — no vestuário e no gestual.

Observar-se lhe dará a oportunidade de ter um quadro real da sua própria pessoa, que servirá até mesmo para afastar suposições negativas que você constrói, acreditando que é assim que os outros o vêem. Veja suas reais qualidades, elimine seus medos infundados, aqueles que surgem antes que você possa enfrentar determinada situação e que são nocivos a ponto de levá-lo ao fracasso antes mesmo que tente vencer um desafio. Lembre-se: ninguém consegue vitórias se parte para um confronto previamente preparado para perder.

Olhar nossos medos infundados bem de perto e com coragem faz com que estes se reduzam e desapareçam. Medo de algo que não aconteceu é um absurdo exatamente por isso: não aconteceu! Assim, o confronto com a realidade, da maneira como ela é, sempre ajuda a derrubar esses mitos que criamos.

Uma alternativa para o espelho é o uso de câmera de vídeo, caso você tenha uma. Deixe-a em uma posição em que você possa se ver de corpo inteiro e então faça o exercício do espelho. O equipamento tem a vantagem de oferecer, além de sua imagem completa, a voz, evitando o uso do gravador.

Aproveite ao máximo essa viagem diante de si. Na certa descobrirá mais qualidades que defeitos. E com o passar do tempo verá quantos pontos positivos a mais poderá agregar ao seu perfil. Ajuda muito fazer uma lista inicial com seus aspectos positivos e negativos e atualizar essa lista à medida que for se aperfeiçoando.

Boa viagem ao seu próprio ser!

Ensaie na frente do espelho, imaginando que está diante da banca examinadora. Procure relaxar. Observe suas expressões faciais e postura. Encene extremos...

O ESTILO PRÓPRIO

O trabalho de autoconhecimento sempre tem reflexos sobre nossos conflitos íntimos, de maneira a saná-los gradativamente. E o exercício de olhar-se no espelho é providencial para que entremos em contato estreito com nossa própria imagem. Deve ser repetido com disciplina, repassando-se até mesmo pontos já analisados e a respeito dos quais você já preparou uma relação de pontos positivos e negativos, os quais foi alterando à medida que superava determinadas falhas.

Disciplina é imprescindível. Tenha uma agenda para fazer isso. Como nos exercícios físicos, os resultados vêm da prática constante. Ao se observar, anote as sensações. Use os recursos que já aprendeu aqui. Relacione aqueles que usa constantemente e também os que ainda não absorveu. Questione-se: Por que a preferência por alguns? Por que a rejeição por outros? Será mesmo rejeição ou falta de vontade de testar? Cuide para trabalhar com todos os instrumentos, exceto, claro, os que não combinem com seu estilo. Só isso já amplia suas perspectivas. Experimente.

Explore todas as possibilidades do autoconhecimento pelo reflexo no espelho. Ao fazer sua lista, é possível que chegue à conclusão de que alguns itens não eram dificuldades reais, da mesma fora que poderá ter boas surpresas, ou seja, imagens gratificantes de sua própria atuação. Poderá, também, identificar e sanar vícios de fala ou de expressão que não percebia, assim como corrigir posturas inadequadas.

Este momento de auto-exploração é único e íntimo. Só seu. Assim como a avaliação será sempre exclusivamente sua, elaborada a partir de seus pressupostos, e não de filtros que possa ter absorvido de outras pessoas nem das expectativas delas a respeito do seu modo de se expressar. Crie seus próprios objetivos e trabalhe para atingi-los. Como você realmente gostaria de se comportar quando fala em público? Que expressões lhe parecem confortáveis e convincentes? Prefere enfatizar que tipo de raciocínio? Pode, aqui e ali, trabalhar com mais leveza, contrapondo momentos mais simples de seu discurso com outros mais densos?

Construa seu próprio conceito do que é uma boa comunicação. Edifique sua marca registrada.

"O importante não é aquilo que
fazem de nós, mas o que nós
fazemos com o que os outros
fizeram de nós."

Jean-Paul Sartre

Extremos e intermediários

O exercício dos extremos, que consiste em ensaiar respostas a perguntas fáceis e difíceis, é muito importante para que você consiga importar qualidades facilmente detectáveis nos momentos mais simples. Quando não está sofrendo altíssima pressão você tende a ser mais natural e simples. Algo como um aquecimento para o que ainda não é fácil. Aliás, você já se deu conta de que algumas coisas que no passado lhe eram difíceis agora são fáceis? Basta admitir isso para ter diante de si a memória do quanto já superou e evoluiu. Cada passo para a frente deve ser muito valorizado, porque sedimentará o próximo. No fundo, evoluir talvez seja apenas perceber o fácil no que antes nos era muito custoso. Com isso, nos conscientizamos de que estamos preparados para a busca de novos desafios.

Esta é uma das chaves do treinamento. Não permita que suas qualidades permaneçam ocultas quando não estiver tão confiante.

Diante de uma pergunta conhecida é possível desenvolver uma boa comunicação. Mas como agir quando há dúvidas de conteúdo e se sabe apenas parte de um todo ou não se sabe nada? Como manter a convicção de sair-se bem em determinadas perguntas quando a sua confiança é seriamente abalada?

Numa situação de prova (escrita ou oral) podem surgir quatro situações, e apenas quatro:

1. O avaliado domina a pergunta.
2. O avaliado domina a pergunta, porém precisa organizar as idéias.
3. O avaliado tem conhecimento genérico sobre o assunto perguntado.
4. O avaliado desconhece o tema da avaliação.

Para enfrentá-las, aqui estão algumas técnicas:

Situação 1. Evite atuar como um dicionário falado, despejando afoitamente informação pontual sobre o examinador. Prefira atuar como uma enciclopédia, que ensina e fundamenta com propriedade. Isso, além de demonstrar conhecimento, também causa forte impressão. Para citar um exemplo das diferentes atitudes possíveis, digamos que o avaliado tenha de definir o que é um cachorro. No primeiro caso, dirá, sem respirar: "é um animal irracional, mamífero, de quatro patas e que late". Está certo, porém superficial, e passa a idéia de que sua meta é "livrar-se" das questões, não enfrentá-las com maturidade. No segundo caso, dirá quais são as características do animal, porém avançará para a existência de diferentes espécies e até mesmo da polêmica a respeito das que são consideradas perigosas para ser mantidas em ambientes domésticos. Avalie um tempo adequado para responder, evitando estender-se demais. Fale com calma, antecipando-se a novas questões do examinador.

Situação 2. Determinadas questões demandam raciocínio prévio para atingir seu âmago. Não dá para eliminar essa etapa do processo, sob pena de oferecer um raciocínio repleto de lacunas. Cuide, porém, para não ser muito extenso. Assim, ainda usando o mesmo exemplo dos cachorros, imaginemos que o examinador peça ao avaliado que discorra sobre a polêmica do *pit bull*. Vale, antes de entrar no tema, discorrer sobre as características da espécie, para depois citar exemplos de casos concretos que sustentem a tese a ser defendida: de que a raça é ou não um perigo para seus donos e para outras pessoas. Organizar as idéias enquanto se fala é um bom aquecimento para enfrentar o tema principal com muita desenvoltura.

Situação 3. Na situação em que o avaliado domina apenas o gênero, não tendo conhecimento suficiente para chegar à espécie, ele deve, sem desespero, falar a respeito do que sabe, sem se alongar demais, porque estará sempre na superfície. Digamos que o examinado tenha de falar sobre as características de determinada raça canina que lhe seja desconhecida. Sem demonstrar constrangimento (lembre-se de que está sendo avaliado, e não desistir é muito positivo), ele deve falar a respeito de cães em geral e das principais características que permitem separá-los em espécies diferentes. O domínio dos princípios de cada matéria ajudará muito aqui. Mesmo que não saiba alguma resposta, deve raciocinar sobre a questão, valendo-se das grandes verdades sobre as quais há unanimidade. Em uma questão comercial, por exemplo, os princípios da boa-fé, do não-enriquecer sem causa e do equilíbrio entre as partes podem resolver questões aparentemente difíceis. Simplificar pode funcionar bem, desde que se lance mão dos princípios. É um caminho seguro em meio à tempestade.

Situação 4. A situação mais desesperadora se dá quando não se domina sequer o gênero, isto é, quando o assunto é novo. Neste caso, antes de admitir ignorância, o examinado, com habilidade, deve pedir auxílio ao examinador. Muitas vezes, um tema de seu conhecimento pode estar disfarçado em uma forma inédita de apresentação. Exemplo real aconteceu com um candidato no concurso do Ministério Público de São Paulo. Indagado sobre as "cláusulas três irmãs", denominação nunca antes lida, o candidato disse que a expressão lhe era estranha, perguntando se havia algum sinônimo. Sim, havia: tratava-se das cláusulas da impenhorabilidade, incomunicabilidade e intransmissibilidade, assunto que o avaliado dominava. Se, porém, não houver mesmo solução, vale dizer simplesmente "não me recordo", em vez de fazer uma longa pausa que a todos constrange. Quanto mais cedo se passar à próxima pergunta, melhor.

Como diz o poeta, “navegar é preciso”, portanto, trata-se de viver os desafios sabendo a direção a ser tomada e seguir com convicção.

A idéia de atuar como uma “enciclopédia” sempre favorece o comunicador, pois você pode não saber diretamente a resposta, mas saber muito bem o assunto que escolheu para enriquecê-la. Não se preocupe com a falta de especificidade, deixe que o avaliador pontue a situação. Revele envolvimento e mostre que quer tentar, sem deixar a resposta em “branco”. Caso o avaliador intervenha, respeite e imediatamente interrompa a abordagem. Muito cuidado, aliás, para não “atropelar” o avaliador. Só inicie a resposta quando ele terminar a pergunta e, se ele retomar a palavra, pare de falar e escute-o.

As provas em geral têm limite de tempo, então deixe-o correr, desde que com naturalidade.

Quanto à maneira de enfrentar as questões mais difíceis, responda com convicção, mesmo que não tenha absoluta confiança em seus conhecimentos. Não deixe que sua expressão o traia. Impeça que uma expressão de insegurança fale mais alto que suas palavras. Os avaliadores têm consciência de que este é um momento muito delicado e que os candidatos não têm domínio de todo o conteúdo. Sempre haverá assuntos em que você navega com mais desenvoltura e outros menos confortáveis. Isto também acontece em palestras, e a platéia muitas vezes percebe as deficiências de um palestrante e quer ver como ele se sai também nas dificuldades.

O exemplo de uma prova oral pode ser aplicado também em entrevistas de emprego, e a mesma pressão implícita pode estar presente em um debate ou negociação. O fato é que, diante de um entrevistador, um examinador, um adversário ou uma multidão, haverá situações em que se esperam respostas de você. A melhor resposta é justamente a que não se limita a textos decorados, sem emoção. Uma boa resposta é aquela que se constrói com um conjunto de atitudes e cuidados, que envolvem desde a atitude e tom de voz até conteúdo impecável e exposto com competência.

Como diz Roberto Setúbal, presidente do Banco Itaú: "Na vida aprendemos que um problema pode ter múltiplas facetas, e todos os ângulos e soluções precisam ser avaliados. Porém, o mais difícil é entender qual é o enunciado correto do problema. A solução é óbvia, dado o problema certo".

Entre a confiança e a prepotência

Tanto as pessoas que não falam comumente em público como as que fazem isso rotineiramente costumam se referir ao receio de se mostrar demasiadamente confiantes diante da platéia, porque isso pode ser confundido com prepotência, arrogância. É um dilema bastante comum entre candidatos a provas orais, seja em concursos ou em defesas de tese.

Esta questão é mais simples do que parece. A arrogância é uma característica de determinadas pessoas. Quem receia aparentar o que não é provavelmente tem elementos elaborados de autocrítica; portanto, sabe perfeitamente que soberba é muito diferente de autoconfiança. Esta, por sua vez, pode ser o oposto de arrogância, que muitas vezes esconde uma necessidade de se impor pela postura, não necessariamente pelo conteúdo. É um traço de quem compete, procurando sempre se comparar a outra pessoa, a partir de um ponto de vista superior, ou seja, não está com o foco ajustado em si mesmo e no que faz, mas em aspectos externos. Comparar-se a outras pessoas o impede de chegar ao seu melhor, porque este é um objetivo muito pessoal e contínuo. O segredo do aperfeiçoamento é a identidade, o estilo único.

Tudo tem a ver com preparo, não apenas no que se refere ao que se vai comunicar, mas ao próprio estilo do comunicador.

Quem se julga preparado, sabe que se empenhou para isso e tende a aceitar suas dificuldades com o intuito de superá-las. Não se preocupa em competir, mas sim em oferecer o seu melhor. Esta afirmação pode parecer paradoxal quando se trata de situações como provas e concursos, por exemplo, nas quais existe a competição de fundo. Não é disso que tratamos aqui, mas sim da competição de estilo, de forma. E mesmo nos concursos, o que deve importar é a aprovação, não a colocação.

Quem sente autoconfiança tem maturidade emocional. Precisamos dela ao falar em público. E não se trata da presunção de saber tudo de maneira depreciativa em relação aos outros, esta sim característica da arrogância. Preparar-se bem e estar no controle de suas emoções e de sua comunicação diante do público ou de examinadores tem a ver com a competência resultante do preparo, que implica dedicação e disciplina. A convicção fica patente na atitude da pessoa, e isto você pode conferir quando se analisa no espelho ao falar sobre o que realmente sabe. Perceba como os sinais são claros.

"O homem que diz 'sou' não é,
porque quem é mesmo é não sou."
Vinicius de Moraes

O que você transmite pela expressão facial e corporal pode ser muito mais forte do que o que você diz. Assim, em determinadas circunstâncias, a forma é capaz superar o conteúdo. Acreditamos que você possa até dizer que "é", mas com autoconhecimento e capacidade de entender que tudo o que considera a seu respeito pode não ser um conceito unânime. Haverá opiniões diferentes. *Quem sabe quem é não tem necessidade de se impor a ninguém*. Muito menos à custa de força ou de intimidação. O autoconhecimento genuíno, a humildade para reconhecer suas próprias falhas — além da clareza sobre suas qualidades — e a simpatia são um conjunto de fatores que constitui uma força extraordinária. Esta força trabalha a favor da pessoa que cultiva e desenvolve tais fatores.

Certa vez um congressista, referindo-se a seu trabalho, disse: "Sou 'a' referência neste assunto, aqui no País". Ele, realmente, até poderia ser referência a respeito de tal assunto, mas apenas a seus próprios olhos. Mais que uma constatação, a dele era uma manifestação de soberba. Se ele fosse de fato aquilo que alardeava — não "uma referência", genericamente, mas "a referência", em caráter definitivo —, outros reconheceriam sua importância e a aclamariam. Mesmo que fosse "a referência" no assunto, portanto, não lhe cabia dizê-lo; bastaria sabê-lo intimamente. O auto-elogio é vitupério. A *Bíblia* ensina, sem rodeios, que devemos receber elogios caso os mereçamos, mas jamais devemos fazê-los a nós mesmos: "Seja outro o que te louve e não a tua boca; o estranho e não os teus lábios". (Provérbios, 27:2)

O CONTÍNUO APERFEIÇOAMENTO

Da mesma forma que o processo de autoconhecimento, o de construção do comunicador requer trabalho contínuo de análise e aperfeiçoamento da imagem. Assim, o exercício do espelho deve ser uma constante, um recurso por meio do qual você se reconstrua, reforçando seus melhores pontos e excluindo aqueles que não funcionam ou são negativos. O treino lhe dará cada vez mais fluência — você mesmo observará as mudanças, passo a passo.

Comunicar-se implica treino constante. Mudar características de comportamento exige trabalho e não acontece de um momento para o outro. A própria observação de cada pequeno avanço funciona como uma alavanca poderosa e gratificante, porque a tendência é a de acumular mais e mais qualidades.

Não por acaso, grandes artistas — da pintura, por exemplo — trabalham sem lapsos e por necessidade, nunca satisfeitos com o patamar que atingem e sempre dispostos a desbravar novas perspectivas. Há sempre o que aperfeiçoar e alterar.

No caso dos iniciantes, há que cuidar do básico. Ultrapassado o desafio de colocar-se diante de uma platéia com autoconfiança e domínio do conteúdo, ainda há um longo caminho a percorrer em busca de aperfeiçoamento a cada estágio com novos pressupostos de superação. Se, a princípio, a questão era encontrar palavras certas para iniciar ou terminar uma apresentação, agora trata-se de trabalhar cada detalhe que envolve sua permanência como centro das atenções. Do tom da voz, que pode modular e ganhar intensidade com o uso correto, à aparência e ao gestual. Entrar, permanecer e sair de cena — tudo requer cuidado, para que a boa impressão se perpetue. É sempre uma troca do orador com seus espectadores — empatia gera conforto e segurança.

Em qualquer estágio do processo, seja da construção ou da consolidação da habilidade para falar em público, a procura por conteúdo é uma constante. E não apenas do ponto de vista filosófico e técnico, para fundamentar suas teses, mas também — e igualmente importante — da perspectiva de elaboração no que se refere ao domínio da língua. Para falar em público é preciso conhecer bem seu principal instrumento, o idioma. Cuide da gramática, para evitar erros na construção de suas frases. Faça deste estudo uma constante e predisponha-se a aprender com entusiasmo, não com aquela má vontade de quem tem de fazer algo que não lhe agrada. Falar corretamente faz parte de sua bagagem. Flexionar os verbos, fazer as concordâncias e usar os recursos de linguagem são instrumentos imprescindíveis, que é preciso ter à mão, ou melhor, na ponta da língua.

Hoje, ninguém precisa, obrigatoriamente, de um curso formal para aprender português. Até mesmo na internet há espaços dedicados ao esclarecimento de questões gramaticais.

Acredite: são muito úteis e disponíveis todo o tempo. Sem o domínio da língua, que é também um processo sempre em andamento, fica difícil elaborar bons discursos.

Você também absorve a boa gramática lendo, especialmente literatura, porque os grandes escritores se esmeram nesse trabalho. Um de nossos maiores, Graciliano Ramos, reescrevia muitas vezes seus livros até chegar próximo da perfeição. Se jamais leu um livro de nossos clássicos, tente. Você vai se surpreender com o quanto pode absorver da literatura para aperfeiçoar seu trabalho. Se não quiser beber na fonte de maravilhas de um Machado de Assis ou de um Eça de Queiroz, porque talvez a linguagem deles lhe pareça distante da atual, mergulhe em escritores com os quais você se identifique. Procure. Vai valer a pena!

A ESCOLHA DA CAUSA

Atente para um aparente paradoxo: pessoas sem conteúdo às vezes falam com mais eloqüência do que as bem preparadas em seus campos teóricos. Sim, isso costuma ocorrer. Basta ligar o rádio em programas de grande audiência e ouvir alguém falando de cura de doenças com alguma panacéia universal, na tentativa de vender determinado produto. Não há um dado científico para basear as afirmações, mas mesmo assim a pessoa se dá o direito de alinhar propriedades e qualidades no escorregadio (e às vezes perigoso) terreno do "achômetro". Pois esse território é freqüentado por muita gente sem conteúdo. E que às vezes até faz um certo sucesso. De curta duração, porém, uma vez que a realidade em determinado momento se impõe e se encarrega de mostrar a falácia dos argumentos. Assim como a mentira, a fala sem base não dura muito tempo, tem pernas curtas. Pode impressionar à primeira vista, mas não resiste ao menor teste.

Prepare-se, portanto, como arauto do conhecimento. A expressão pode parecer pomposa, mas isto é o que diferencia um bom e competente orador de pessoas que têm facilidade para enfrentar públicos, mas pouco ou nenhum conteúdo. Na verdade, quem sabe menos cultivará, provavelmente, menos espírito crítico. Estes acabam trabalhando mais na forma do que no conteúdo, com frases de efeito, redundâncias e exageros, a fim de impressionar à primeira vista, o que, de fato, pode acontecer.

Não é este o caminho, porém, de alguém que pretende se comunicar com propriedade. Para ser um verdadeiro arauto (pregador, divulgador) do conhecimento há que saber, que dominar os temas sobre o quais vai falar com segurança. Esta é a base para uma longa carreira diante de platéias. É o que confere respeitabilidade à sua palavra, especialmente se aliar teoria e prática, um binômio fundamental para o sucesso, porque produz elementos capazes de mesclar a esfera racional (conhecimento) com a emocional (relatos de casos e experiências práticas).

Portanto, jamais aceite o que se pode chamar de "risco exagerado", ou seja, falar em público sobre algo que desconhece ou sobre o que não tem a menor fundamentação. Esta é uma atitude temerária, para dizer o mínimo. O Marquês de Maricá disse, com sabedoria, que "os que falam em (*sic*) matérias de que não entendem, parecem fazer falar da sua própria ignorância".

Já a experiência costuma dar amplitude e colorido à teoria. O padre Antônio Vieira, um orador memorável, dizia que "palavras sem obra são tiro sem bala: não ferem". Somar ambos os elementos confere ao orador autoridade moral. Como dizia o líder latino-americano José Martí, "a melhor maneira de dizer é fazer". Falar é maravilhoso, executar é divino. A palavra é sedutora, mas os gestos ampliam exponencialmente essa capacidade de encantar.

O que fez de Cristo "o Cristo" não foi apenas o Sermão da Montanha ou outras passagens em que fez valer sua poderosa verve, mas, sobretudo, sua crucificação. Gandhi liderou a Índia com um discurso pacifista e se eternizou no coração de seu povo e de toda a humanidade porque enfrentou toda a sorte de barreiras para levar sua palavra, até ser morto por um desafeto. O pastor protestante Martin Luther King Jr., além de falar às massas, foi preso, apanhou da polícia... Os acontecimentos da vida e os gestos desses oradores talentosos os tornaram criaturas extraordinárias, capazes de convencer e, ao mesmo tempo, causar tanto temor, a ponto de serem mortos por suas palavras e exemplos. Suas falas carregavam muito mais do que fonemas. Suas atitudes frisavam cada um de seus ensinamentos.

O exemplo desses homens revela, ainda, um aspecto que faz toda a diferença no peso de sua palavra: eles escolheram suas causas. Faça, também, a sua escolha. Segundo Napoleão Bonaparte, "é a causa, e não apenas a morte, que faz o mártir". Esta lição pode ser complementada pelo alerta de William Wallace: "Todo homem morre, nem todo homem vive".

Assim, as escolhas pessoais e a disposição de sacrificar-se por aquilo em que você acredita têm imensa influência na ampliação do poder de seus gestos e palavras. As pessoas vão querer ouvir atentamente sua voz, se o seu comportamento for compatível com a fala. Se você se comprometer com uma causa, haverá quem esteja disposto a fazer o mesmo, abraçando-a, porque ouvirá da sua boca frases convincentes, confirmadas por uma atitude compatível.

E aqui cabe uma lembrança. Quando se abraça uma causa, a depender do contexto, ela pode significar até mesmo a morte, como aconteceu com Cristo, Gandhi e Luther King Jr. Não tema a morte, pois todos os seres vivos morrem. Tema viver sem uma causa, ou, melhor ainda, sem uma boa causa. Isso fará de você um grande orador, em qualquer situação, pela emoção genuína que permeia o discurso. Na verdade, mais do que influenciar os outros, ser fiel a si e às crenças que escolher fará com que você reforce a crença em si. Dará real sentido à sua vida e força às suas palavras.

Na verdade, quem sabe menos acaba trabalhando mais na forma do que no conteúdo, com frases de efeito, redundâncias e exageros, a fim de impressionar à primeira vista, o que, de fato, pode acontecer.

PARTE 2

Entrar (e ficar) em cena: preparo e arte

"A palavra, como a funda de David,
abate os violentos
e faz tombar os fortes."
Anatole France

Entrar e permanecer em cena é resultado de preparo e coragem. Tudo conta quando estamos diante de uma platéia restrita ou numerosa. No momento em que os refletores estão sobre o orador, o bom observador captará não apenas o aparente, mas também o subliminar. É importante lembrar que, no teatro, até mesmo os atores mais consagrados se sentem nervosos quando soa o terceiro sinal, avisando os espectadores que as cortinas estão prestes a se abrir. A tensão faz parte do conjunto de sensações próprias da exposição e, portanto, é natural.

Quem fala diante de um público procura aceitação, aplauso. Ninguém se expõe com a firme disposição de levar vaias, mesmo quando se propõe a falar o contrário do que é esperado. Assim, o que marca um bom orador é a maneira como ele se comporta diante da pressão, do nervosismo que antecede sua entrada em cena. Ele precisa sentir-se no controle de suas emoções e de suas palavras, e tem de demonstrar isso aparentando segurança. A platéia capta a insegurança do orador, porque esta fica evidente em sua atitude.

Já sabemos que tudo em nós comunica, da aparência à capacidade de estabelecer empatia contínua com a platéia. Sabemos, ainda, que é preciso ter um bom início e um excelente final. Mas entre esses extremos há o todo, o meio, ou seja, o tempo em que permanecemos em cena, dando nosso recado, como se costuma dizer. Se, com um bom preparo, você venceu o medo anterior de se expor, agora tem diante de si todo um trabalho de lapidação, que é feito ao longo da vida. Sem pressa, mas com esmero.

Comunicar-se bem significa oferecer determinado conteúdo com uma atitude positiva, ou seja, sintonizando o que diz com todos os seus gestos. É um todo para o qual concorrem várias partes. Vamos, agora, trabalhar cada uma delas.

Agora que você já se habituou a usar o recurso da imaginação e do espelho, aprofundemos esses dois instrumentos, criando mentalmente cada detalhe da ação global.

Imagine-se entrando na sala na qual participará de um debate, fará uma prova, dará uma aula, apresentará um projeto ou irá se expor de alguma forma; exposição esta associada ao treino da boa comunicação que você aprendeu até aqui. Observe-se, cuidando para ter uma auto-imagem objetiva, sem exageros para mais ou para menos.

- Você consegue descrever como é sua postura ao ingressar no ambiente em que irá se expor?
- Sabe definir o que essa postura revela, como se fosse um integrante da platéia?
- Como você imagina que alguém em situação semelhante transmita confiança?
- Sua atitude corresponde ao que você imagina?

É fundamental que este preparo, com o tempo, leve você a respostas positivas. O sentido do trabalho é reforçar sua autoconfiança e levá-lo a aprimorar-se longe da cena real.

Há estudos científicos que comprovam a eficácia dos treinos mentais para a expansão do desempenho real. Mas é fundamental passar aos treinos práticos, se possível com pequenas audiências.

Aceite convites para falar em público ou crie condições para isso, tomando a palavra quando for oportuno.

Use todas as ocasiões possíveis para se expor.

Se nas reuniões de trabalho, por exemplo, você sempre se coloca na posição de ouvinte, passe a agir de outra forma, dando sua opinião e apresentando argumentos e idéias. Se for um aluno que jamais se manifesta em classe, comece a indagar com propriedade ou mesmo a fazer sugestões e dar exemplos.

Sempre há momentos propícios a esses exercícios de desinibição, até mesmo diante de uma única pessoa. Se você tem o hábito de manter-se reservado, sem falar muito, experimente mudar de atitude e revelar o que sente ou o que quer. Faça isso e observe o que acontece com você depois desse treinamento.

Quem fala diante de um público procura aceitação, aplauso. Ninguém se expõe com a firme disposição de levar vaias...

O PENSAMENTO COMO ALIADO

> O ser humano se questiona e responde
> a estas questões, desta maneira
> desenvolve seu pensamento, o que
> o singulariza e o dignifica.
>
> *Eugênio Mussak*

O pensamento diferencia os homens dos animais, e a qualidade do pensamento, ou seja, a capacidade de expressar-se de maneira clara e convincente, diferencia os homens entre si. A qualidade de pensamento está intimamente relacionada à exposição dos próprios pensamentos. Atenção, pois não se trata de um simples jogo de palavras, mas de uma atitude: a de focalizar a própria mente, sem deixar que esta vagueie a esmo, como é de nosso costume. Cultuar os pensamentos desenvolve a qualidade deles e, por conseqüência, o bom senso, ensinam Maturana e Varela.

Trabalhe-se, a partir da mente. Pense nas suas habilidades de comunicação e desenvoltura, instrumentos que você poderá usar do modo como os tiver, mas que podem ser aperfeiçoados para que atendam melhor às suas necessidades. À luz de seus novos recursos, avalie o que antes lhe parecia difícil. Provavelmente mudará de idéia! Então, projete sua imagem de maneira positiva, ampliando sua confiança naquilo que é capaz de fazer.

O primeiro passo é pensar; o segundo, executar.

COM QUE ROUPA?

Observe-se no cenário em que terá de falar. Monte essa imagem mental, incluindo nela todos os movimentos que lhe forem inerentes, desde a sua chegada ao centro da cena, ou seja, ao local em que você se posicionará para a prova oral, a aula, a conferência, a reunião na empresa para a apresentação de um projeto etc. Coloque o foco da sua atenção no seu traje. O que escolheu para usar nesse momento?

Já abordamos brevemente essa questão, salientando a necessidade de discrição no vestuário, uma vez que ele também diz muito a seu respeito. Na verdade, em uma escala de captação de impressão, a imagem de um orador chega primeiro aos espectadores que sua própria voz ao iniciar sua intervenção. E já mostra alguns aspectos de sua personalidade. Sua indumentária, portanto, não deve ocultar nem ofuscar, isto é, não pode deixar de revelar quem você é, mas não pode fazer alarde.

Quantos de nós já não avaliamos o caráter ou a personalidade de alguém simplesmente analisando sua roupa?

Exemplos reais não faltam. Aqui está um. No fórum de uma cidade, entrou no elevador um senhor malvestido, de terno preto surrado, com camisa vermelha e gravata amassada — uma profusão de cores que destoava do conjunto. Os passageiros se entreolharam com certa cumplicidade, como se dissessem uns aos outros: "Só pode ser um desses advogados de porta de cadeia, disposto a implorar pela liberdade do cliente, que deve ser um coitado para ter um representante como esse". Na verdade, porém, aquele homem era o presidente do tribunal, uma pessoa cuja sapiência "vaza pelo ladrão", como diz o jargão popular.

Há quem, como ele, não dê importância à sua aparência, até mesmo por entender que não tem de se importar com a opinião alheia. São liberdades a que alguém, se assim preferir, pode se dar o direito depois de chegar a um alto patamar em sua carreira profissional. Antes, porém, é preciso tomar muito cuidado com esse quesito. As roupas por si só não definem o caráter, mas revelam muito de quem as usa. E são importantes, sim, como cartão de visita e permanência. No mínimo, indicam se a pessoa tem capacidade de discernimento para escolher algo bastante adequado à sua atividade a cada momento.

Desleixo na apresentação pessoal pode ser interpretado como falta de delicadeza com quem nos observa; afinal, trajar-se é um ato social e dá o recado na exata medida da imagem que projeta.

No mundo em que vivemos as coisas funcionam assim, quer concordemos ou não com julgamentos baseados no modo como nos trajamos. Ninguém pensa em ir à praia de terno, nem de sunga a uma sessão do júri. Isso, certamente, denotaria desequilíbrio. Em questão de indumentária, portanto, o bom senso deve prevalecer.

Lembre-se: em um quadro geral com muitos componentes, a roupa tem de depor a seu favor. Há empresas que oferecem consultoria de elegância a seus executivos, para que estes se apresentem da melhor forma possível diante de seus clientes.

No mercado, a imagem de um executivo associa-se à da empresa para a qual ele trabalha; por isso, uma de suas obrigações é vestir-se bem. Isso, contudo, não necessariamente implica altos investimentos, pois o caro nem sempre é elegante.

As roupas por si só não definem o caráter, mas revelam muito de quem as usa. E são importantes, sim, como cartão de visita e permanência.

Para não errar, aposte no clássico, na discrição, nas cores neutras, nos cortes impecáveis, nos tecidos que não amassam.

Um traje discreto nunca colocará ninguém em má situação. O mesmo não se pode dizer de um chamativo ou exagerado, que não deve nunca ser escolhido para uma apresentação, porque atrairá mais atenção do que aquilo que você tiver a dizer. Além disso, poderá ser motivo de chacota, o que também faz o ouvinte perder o foco no que você estiver falando. Tudo o que você almeja ao postar-se diante de uma platéia é que prestem atenção em suas palavras, e não no brilho de seus sapatos.

O traje é simplesmente um invólucro, o pacote, não o presente.

Dirija sua performance

Continuemos o exercício da imaginação.

No instante em que entrar na sala e posicionar-se para fazer sua apresentação, observe se sua postura está adequada: ombros retos, cabeça ereta, olhar direcionado à pessoa com quem vai se comunicar (se for falar para uma platéia, percorra-a rapidamente com os olhos, fixando-se brevemente em um ou outro espectador, sempre nos olhos), braços levemente soltos ao lado do corpo. Movimente-se com tranqüilidade e segurança, a passos firmes. Então, inverta o quadro rapidamente: coloque-se na posição do espectador e veja-se entrando e posicionando-se para falar. Ao fazer isso você perceberá imediatamente, sem necessidade de mais argumentos ou imagens, como a postura corporal fala alto.

Para se dirigir ao público, escolha uma posição em que se sinta bem confortável, com uma atitude natural. Se permanecer em pé diante de uma tribuna, por exemplo, pode apoiar levemente os braços nela, mas não de maneira que pareça estar se escorando. Se não houver nada à sua frente, cuide para movimentar os braços com elegância. Pode mantê-los levemente flexionados diante do abdome, variando a posição com ligeiras flexões do antebraço e gestos com as mãos. Nada, porém, amplo demais. Um bom exemplo são os repórteres ou apresentadores de televisão quando se apresentam de corpo inteiro. Eles treinam muito essa postura, e o resultado é uma aparência bastante natural.

Os exercícios de imaginação são importantes para preparar você para as situações reais. Quando estiver em ação, aproveite as imagens que criou como um sólido apoio para se sentir confiante.

Se for se apresentar em uma conferência, é possível que você não tenha muita mobilidade no palco, exceto se avisar os organizadores antes, pois necessitará de um microfone que permita deslocamento.

Se você for dar uma aula, pode andar pela classe de maneira discreta, com o cuidado de manter-se bem à vista dos alunos.

Se a situação for uma prova com uma banca de examinadores ou apenas um mestre, mantenha-se em pé, aguardando um sinal para sentar-se e, enquanto isso, observe atentamente a pessoa ou o grupo de pessoas que fará a argüição. Então, acomode-se na cadeira sem pressa. Se a bancada estiver bem próxima, pode apoiar os braços ou as mãos nela; se não, cuide para manter os ombros eretos durante todo o tempo e as mãos repousadas sobre a parte superior das pernas. Enquanto estiver falando, pode gesticular sem exageros. Mantenha a postura sem arcar-se, pois uma postura curvada, com ombros caídos, causa má impressão. Na linguagem do corpo, isso significa fraqueza, humilhação. E a tradução dessa postura corporal não é percebida apenas por quem o observa, mas por você mesmo, que se torna menos autoconfiante. Nada pior do que perceber que se está em uma posição prévia de derrota.

A maneira de olhar é fundamental não apenas na entrada em cena, mas durante todo o tempo em que você ali estiver. Seu olhar deve estar sintonizado com a sua postura digna e tranqüila. Continue olhando as pessoas, em especial quando houver um examinador ou mais: fite cada um deles diretamente.

Você pode — e deve! — decidir como vai se apresentar em detalhes. É para isso que servem as simulações. Para que você possa se imaginar e corrigir tudo o que entender que precisa ser aperfeiçoado.

Acredite nessa prática e use-a com sabedoria.

Dirija sua própria cena com a sensibilidade de um artista.

Aposte na empatia

Se você consultar um dicionário, encontrará várias acepções da palavra "empatia", um instrumento fundamental para quem fala em público. Uma delas, a que mais nos interessa, é a seguinte: "capacidade de identificar-se com outra pessoa, de ter as mesmas sensações, sentimentos, anseios". Identificar-se com o examinador, os alunos e/ou o público é fundamental. Cria um elo, uma ligação. Conseguir este objetivo implica observar seus próprios observadores para descobrir o que sentem e o que absorvem de sua fala. Trata-se, ao mesmo tempo, de foco e sensibilidade.

Um professor atento pode naturalmente criar empatia ao perceber como seus alunos reagem à sua atuação. Basta olhar para a classe e ele saberá quem está ali e quem está no "mundo da lua", quem está captando os ensinamentos e quem se esforça mas não chega lá, quem se interessa pela matéria e quem a considera descartável. Por outro lado, a partir do que capta, pode redirecionar suas atitudes, ajustando-as às condições e sensações dos alunos a cada momento. Tanto um ouvinte como vários podem apresentar determinado perfil coletivo, seja de atenção e envolvimento, seja de distância e falta de interesse. Não é difícil captar esse perfil para alterá-lo com instrumentos eficazes.

O mesmo vale para outras situações. Diante de uma banca, você pode perfeitamente notar se seus examinadores estão atentos ao seu discurso ou se o olhar deles parece vago e distante. Há quem se alheie tanto que chega a bocejar ou piscar incessantemente os olhos, na tentativa de vencer o sono. Isso pode também acontecer em uma platéia, que pode manifestar desatenção estabelecendo conversas paralelas ou colocando o foco na leitura de alguma coisa, por exemplo. Ao se dar conta de atitudes como essas, coloque-se na posição do espectador: o que o está distanciando do discurso?

Vamos a um exemplo muito simples. Se, em uma banca, seu examinador for de uma corrente e você de outra, não caia na tentação de convencê-lo naquele momento a mudar de idéia. Conduzir suas respostas para argumentos que tenham como base objetivos diferentes dos propostos (prova, aula, negociação) pode ser uma atitude perigosa. Tudo tem sua hora e ambiente. Em uma prova, o que vale é a objetividade, a demonstração de conhecimento, a fluência. Tudo o que estiver além disso poderá ser considerado recurso de "encher lingüiça", como se costuma dizer, ou provocação, caso esteja diante de seu contrário. Vá direto ao ponto, salientando seus pontos de vista com citações que sejam bastante pertinentes. Quanto a platéias, quando seu objetivo for levar a alguma mudança de atitude ou pensamento, é também imprescindível usar argumentos convincentes ou mesmo despertar emoções poderosas para tocar o coração dos ouvintes.

Para criar empatia, há que também suscitar simpatia nos espectadores. As palavras rimam, não por acaso. "Simpatia", no dicionário, tem uma série de significados, entre os quais "capacidade de identificar-se com o outro, compenetrando-se de suas idéias e sentimentos" ou, ainda, "afinidade moral, proximidade de pensamentos, de valores". Um bom começo, portanto, é falar a mesma linguagem do seu espectador, o que significa ampliar a possibilidade de ter seu discurso entendido e absorvido.

Apostar na simpatia é tudo isso, mais uma atitude aberta e receptiva, a começar pelo semblante. Não há como considerar simpático alguém que ande sempre de cara amarrada ou com uma expressão de tédio, como se tudo e todos lhe causassem aborrecimento. Simpatia implica apresentar-se de maneira naturalmente alegre, com sorrisos aqui e ali, demonstrando interesse por quem está à sua frente, mas sempre com cordialidade, elegância, olhar expressivo e direto. Segundo Josué Montello, o "orador que não olha o público corre o risco de falar sozinho". Simpatia é uma qualidade que abre muitas portas; como qualquer outro predicado, pode ser desenvolvida a partir de uma atitude proativa.

Um professor atento pode criar empatia ao perceber como seus alunos reagem à sua atuação, porque lhe bastará olhar para a classe para saber quem está ali e quem está no "mundo da lua"...

A soma de empatia com simpatia é vital para uma comunicação de bom efeito. Na verdade, a fala não é apenas sua. Ela se expressa por meio de sua voz, mas é do mundo, e cabe a quem está na posição de orador fazer a conexão entre si e o público. Segundo Montaigne, "a palavra é metade de quem a pronuncia e metade de quem a escuta". Portanto, respeite a "propriedade" da palavra que você pronuncia, pois ela é um "condomínio" que está sob a sua administração, mas que não pode ser conduzido em solidão.

Fazer com que a platéia absorva seu discurso de maneira natural é criar todas as condições para que cada um assuma as palavras também como suas. Aproprie-se, portanto, do verbo.

Sensibilidade e intelectualidade

Aliar sensibilidade à intelectualidade é um dos objetivos de se criar empatia. Isso significa que você pode impactar seu discurso com emoções que o público compartilhe e, assim, fazer da sua voz um coral assumido por todos. O que conta aqui é o conteúdo e a forma como você o expressa.

Nada melhor para entender este conceito do que alguns exemplos muito simples do dia-a-dia. Imagine a seguinte situação: um médico falando a diferentes públicos a respeito de determinada doença com o intuito de ensinar e esclarecer. Vejamos:

> ***Diante de outros médicos.*** Sua abordagem terá de ser com termos técnicos e científicos, pois é a linguagem desse público tão específico que espera, não rudimentos, mas uma abordagem mais aprofundada. A missão do palestrante é acrescentar conhecimento, trazer novas luzes sobre a matéria, seja de conceito ou de elementos para diagnóstico e tratamento. A empatia está na origem do conjunto de pessoas envolvidas e no compartilhamento da profissão e suas bases. Ficar na superfície, portanto, seria um grande equívoco.

Diante de estudantes de medicina em início de curso. O palestrante terá de perceber se os alunos estão compreendendo ou não os termos que usa em seu discurso. Em caso negativo, ele deve explicitar bem a matéria, adequando sua fala ao grau de conhecimento da platéia, que deve ser previamente conhecido. O envolvimento da platéia dependerá do quanto esta puder absorver do discurso e do espaço aberto para o esclarecimento de dúvidas, porque elas sempre surgem quando a meta é didática. Naturalmente, a linguagem terá de ser distinta da utilizada para o grupo de médicos profissionais. Aqui, os conceitos apresentados terão de ser básicos, e as questões, lançadas de modo a estimular a busca por mais informação. Envolver-se com o público é falar uma linguagem que permita a perfeita compreensão do conteúdo.

Diante de um público leigo, com a intenção de orientar. Será necessário usar termos simples, que as pessoas possam compreender. Provavelmente, a ênfase deverá ser para os cuidados preventivos, a fim de que as pessoas possam usar os conhecimentos adquiridos a seu favor. Ao falar sobre doenças cardíacas, por exemplo, o médico informará genericamente do que se trata, sem entrar em aspectos profundos de anatomia e fisiologia, mas certamente terá de abordar como afastar esse risco, sugerindo exercícios físicos regulares, dieta balanceada e própria para as diferentes faixas etárias etc.

Em todas as situações sugeridas há uma soma de sensibilidade e intelectualidade, que atuam sinergicamente em prol da comunicação efetiva e eficaz.

Nos três casos exemplificados, inverta as situações. Imagine que o médico falou aos leigos como se fossem estudantes de medicina, aos médicos como se fossem leigos, e aos estudantes como se fossem profissionais experientes. É claro que a comunicação não aconteceria por inadequação de conteúdo em relação ao público. Todos nós, em algum momento da vida, já tivemos a nítida certeza de estar diante de um mestre que sabe muito, mas que não desenvolveu a capacidade de transmitir seu saber de maneira a ser entendido pelo público a que se dirige. Falar muito acima ou muito abaixo das expectativas não cria empatia. Ao contrário, faz com que as pessoas se distanciem, seja por considerarem que estamos sendo simplórios, ou inacessíveis por usarmos uma linguagem que não conseguem compreender.

O objetivo de quem fala — seja a uma única pessoa ou a um grande público — é fazer-se entender. E muito bem.

Como lidar com acidentes de percurso

Há pessoas que fazem todo o processo de comunicação muito bem: mergulham no autoconhecimento, usam os instrumentos para se aprimorar, fazendo todos os exercícios, vencem o medo e se expõem na prática. Teoricamente, estão preparadas para enfrentar o desafio com desenvoltura. E, de fato, começam bem. Escolhem a abertura correta, têm uma atitude positiva, criam empatia com o público, enfim, estão no caminho certo. Mas, de repente, erram na dose: uma piada fora de lugar que causa constrangimento, um lapso de memória, um raciocínio que não foi capaz de desenvolver... Qualquer que seja o problema, pode ser chamado de acidente de percurso. Todos estamos sujeitos a isso, do orador novato ao mais experiente. O desafio, neste caso, é como seguir adiante sem permitir que aquilo interfira negativamente no restante de nossa atuação.

Quando ocorre um acidente de percurso, o ideal seria corrigir a falha. Mas se não puder fazê-lo, a única alternativa é recuperar-se rapidamente e prosseguir da melhor forma possível, sem deixar que o problema o derrube, transformando algo pontual em constante. Elimine o episódio da memória. Aconteceu, está no passado! E você está sempre diante do presente. Assim, trate de restabelecer seu contato com o discurso preparado, como fazem, por exemplo, os locutores de rádio ou apresentadores de TV ao escorregar em uma frase ou palavra. Simplesmente pode acontecer. Ponto.

A eventualidade, portanto, não pode se impor como uma barreira. Deve ser encarada como é de fato: um acidente de percurso. Se deixarmos que interfira no restante da fala, pode tomar proporções muito maiores que as reais e transformar-se em um fator de inibição, fazendo com que você regrida em seu trabalho de aperfeiçoamento. Então, use essas ocasiões a seu favor. Treine, na prática, o desenvolvimento da capacidade de superar instantes desconfortáveis. Não os leve tão a sério, como se fossem defeitos insolúveis, mas encare-os como eventos que apenas acontecem e dos quais ninguém está livre. A diferença entre quem empaca no incidental e quem prossegue no ritmo anterior é a autoconfiança. Você já aprendeu a se conhecer, a treinar, a preparar seus conteúdos, portanto, adiante!

Mal comparando, talvez, é como ter de trocar um pneu na estrada. Todo motorista está sujeito a uma coisa dessas. Não é, de fato, agradável, mas é algo que tem de ser feito quando surgir a necessidade, porque senão ficaremos plantados no acostamento. Alguém dirá: “Nossa! Mas nem sei trocar um pneu, nunca fiz isso!”. Tal como falar em público para quem jamais ousou fazê-lo, trata-se de aprendizado e prática. Mesmo que você não tenha de trocar pneus, é sempre útil aprender para não ficar à mercê de algo tão elementar, caso se recuse a pelo menos tentar.

Então, a melhor maneira de tratar os acidentes de percurso é enfrentando-os em sua pequenez. Não lhes dê mais importância do que têm. Supere-os com tranqüilidade e acrescente mais essa qualidade a seu perfil. Aproveite para desenvolver sua capacidade de lidar com eles.

SENSO DE HUMOR, COM LIMITES

A respeito do uso de passagens cômicas ou de brincadeiras durante uma palestra ou discurso, vale uma observação: use esse recurso com extremo cuidado e bom gosto, sabendo de antemão que é arriscado. Se fizer uma piada que considere adequada ao contexto e bem divertida, pode se deparar com uma reação negativa da platéia, ou seja, você se prepara para lidar com risos e estes não acontecem.

O senso de humor é muito diferente de pessoa para pessoa e de platéia para platéia. Atores muito experientes sabem como o gênero comédia é complicado: muitas vezes o que funciona para um grupo de espectadores não cai bem para outros. Então, saiba que incursões neste terreno são de difícil avaliação prévia. Use quando estiver em pleno controle de sua atuação, para que uma eventual resposta negativa não comprometa o restante da sua fala. Do mesmo modo, só recorra ao humor caso se sinta muito à vontade, se faz parte de sua natureza trabalhar dessa maneira.

Quando você consegue criar empatia e se sente em segurança diante de determinado público, vá em frente, com moderação e bom gosto. Caso tenha sob controle o clima da platéia e consiga estabelecer a imprescindível troca interpessoal, momentos de pura descontração costumam ser muito bem-vindos, além de ajudar na fixação do conteúdo. É algo que você tem de avaliar no momento em que atua. São muitas variantes, mas a prática vai ajudar muito. De tanto trabalhar essa identidade com o público, você terá condições de escolher os melhores recursos na hora certa. A própria prática é o treino. E será cada vez mais eficaz quanto mais exercitado for.

A empatia é o melhor termômetro para fixar limites, porque oferece bons sinais, reduz a tensão e favorece as trocas. Funciona até mesmo em provas e concursos, muitas vezes como instrumento para baixar ligeiramente o grau de autoritarismo do interlocutor, quando for muito alto, tornando a interação menos complicada.

De qualquer modo, o treino imaginário pode ajudar muito na fixação de parâmetros. Imagine-se diante de públicos mais soltos, abertos a uma fala mais relaxada e divertida, e diante de platéias avessas a um sorriso sequer. Mesmo sabendo que nunca deve usar piadas ou brincadeiras em uma prova oral ou entrevista de emprego, crie mentalmente situações em que esteja sendo avaliado por entrevistadores simpáticos e acolhedores e também formais e autoritários, sempre com vistas a como "deve" e como "pode" agir para ter o melhor rendimento, sejam as condições favoráveis ou desfavoráveis.

Adequar-se aos momentos, além de aumentar seu nível de autoconfiança, é um excelente treino de variação de recursos. Cada situação é única e requer diferentes combinações de instrumentos, mas a espontaneidade é um requisito fundamental.

Entrevistadores autoritários ou públicos exigentes não devem intimidá-lo, porque são características deles, não foram criadas contra você. Há pessoas que são formais por natureza, e a seriedade delas não é sinônimo de desaprovação. Não ceda à tentação de se anular quando encontra pessoas mais sisudas para ouvi-lo falar. O importante é dar o seu recado da melhor forma que puder, para que chegue íntegro e claro a quem tiver de chegar. Não se deixe abater, também, por públicos adversos ou interlocutores dispostos a derrubar um candidato, e não a avaliar seu saber. Isso existe. E nessas ocasiões, o melhor que você pode fazer é defender sua idéia com dignidade.

A GRANDIOSIDADE A CADA MOMENTO

Transforme cada momento em uma chance grandiosa, em vez de esperar por outra chance de vivenciar grandiosamente um momento semelhante.

O navegador Amyr Klink costuma contar uma passagem interessante de suas aventuras no pólo. Diante de uma visão magnífica do mar congelado em milhares de cristais que cintilavam à luz do sol, ele pensou em tirar uma fotografia, mas por alguma razão decidiu deixar para outra hora a eternização daquela maravilha, certo de que se repetiria muitas vezes durante sua trajetória, mas nunca mais ele viu nada parecido, por mais que estivesse atento e com a máquina fotográfica pronta.

Viva cada momento diante do público de maneira absoluta, na certeza de que há grandiosidade em cada interação, porque realmente há. Ter a oportunidade de falar aos outros, de expressar suas opiniões e de captar a atenção da platéia é privilégio de poucos. Esta é realmente a palavra certa: privilégio. Por isso é tão importante desenvolver essa habilidade e gradativamente tomar mais gosto por ela, até chegar ao ponto de, mesmo com a pressão dos momentos de entrada em cena, ansiar por eles, como instantes a eternizar.

O aprimoramento faz parte deste prazer que também podemos desenvolver — ou descobrir — com o tempo e a prática. Podemos, a cada exposição, retocar e corrigir atitudes inadequadas na comunicação, aperfeiçoando qualidades e superando falhas. O processo é intenso e nunca se completa — por isso mesmo jamais perde o interesse e nunca deixa de instigar e de trazer novos desafios. Não há lugar para nenhuma rotina aborrecida. O próprio autoconhecimento vai se desdobrando com surpresas aqui e ali. Muitas vezes pensamos que reagiremos negativamente diante de um estímulo, mas pela tranqüilidade com que o encaramos passamos por ele — e na prova! — com louvor.

Quanto mais caminhamos para a frente, mais cenários se abrem diante de nós. Aprendemos a avaliar o que temos de melhor, fortalecendo nossa individualidade.

Boa comunicação implica desenvolver continuamente competência, o que, por sua vez, se traduz em envolvimento, motivação e cumplicidade com o tempo investido e a atividade-fim.

Eugênio Mussak, um estudioso do comportamento, em seu livro *Metacompetência*, faz uma citação muito pertinente do poeta inglês WilliamYets: "Falta convicção aos melhores, enquanto os piores estão cheios de apaixonada intensidade". Este é um claro alerta à nossa responsabilidade quanto à comunicação. Remete à reflexão, segundo Mussak, de que "incompetentes costumam alardear seus feitos, fazer barulho de seus resultados — afinal, precisam afirmar-se de alguma forma —, e conseguem algumas vezes provocar o eclipse daqueles que de fato deveriam se destacar. São pesados satélites inconseqüentes ocultando o brilho de sóis necessários".

O que marca os melhores é seu conteúdo, suas características, e sobretudo sua convicção. E justamente porque sabem que têm algo a dizer, têm obrigação de fazer justiça a essa missão. É preciso que se dediquem a ela. Muitas vezes, porém, essas criaturas fincam-se apenas no conteúdo, sem se empenhar nos meandros da arte da exposição e do convencimento.

Quem não tem conteúdo, como só pode trabalhar a forma, acaba se especializando nisso e tornando sua capacidade de convencimento melhor. Nesse caso, quem "paga a conta" é a verdade, a seriedade, o conteúdo, a ética, o estudo etc., pois apenas o vão e a aparência prevalecem, falsamente abrilhantados para que pareçam ter alguma importância. É um fato. E as pessoas que têm realmente muito a dizer não podem ignorar esse perigo, assumindo como parte de sua missão o trabalho de aprender a falar com propriedade, aprimorando-se na forma, nos instrumentos, para demonstrar e convencer. Desprezar esse cuidado significa desprezar a própria verdade, que correrá o risco de não prevalecer.

- Você está certo de estar trabalhando numa boa direção?
- Você tem se dedicado a aprimorar seu conteúdo, seu conhecimento e também sua capacidade de transmitir com clareza esse conteúdo?

Responda com sinceridade e, caso lhe faltem elementos, volte na leitura. Procure os trechos em que pode absorver o conhecimento e as técnicas para fazer muito bem esse sagrado trabalho de levar a palavra a muita gente, de comunicar.

REFLETOR SOBRE QUALIDADES E DEFEITOS

Se você chegou até aqui, dedicando-se à teoria e à prática, certamente está desenvolvendo os elementos necessários para entrar em cena com elegância e desenvoltura. E, claro, atenção aos seus ouvintes. Chega o momento, então, de mergulhar em outras particularidades que podem melhorar ainda mais seu desempenho. Você as encontrará na próxima seqüência deste livro.

É de se esperar que, ao fazer os exercícios e explorar as técnicas, você tenha trabalhado corajosamente para corrigir suas limitações em vez de negá-las e varrê-las para debaixo do tapete, deixando-as escondidas em algum cantinho escuro da sua mente. O autoconhecimento serve para lançar luz sobre qualidades e defeitos, de modo que possamos assumi-los com suas respectivas conseqüências. Ou seja, o autoconhecimento serve para aprimorar as qualidades e corrigir os defeitos. Um exemplo? Se você tem cacoetes de expressão, já está tratando (ou tratou) de eliminá-los, assim, limpou suas frases, livrando-as de "eeeeeeeee", "nééééééééééé" e outras variantes de sons desagradáveis.

Quem nega seus defeitos só fará reforçá-los. Quem os admite, dá o primeiro passo para vencê-los. Como disse Clarice Lispector em carta escrita a sua irmã Tânia Kaufman, em janeiro de 1948: "(...) ouça meu pedido: respeite a você mesma mais do que aos outros, respeite suas exigências, respeite mesmo o que é ruim em você — respeite sobretudo o que você imagina que é ruim em você — pelo amor de Deus, não queira fazer de você uma pessoa perfeita — não copie uma pessoa ideal, copie você mesma — é esse o único meio de viver. (...) Pegue para você o que lhe pertence, e o que lhe pertence é tudo aquilo que sua vida exige. Parece uma moral amoral. Mas o que é verdadeiramente imoral é ter desistido de si mesma. (...) Tenha coragem de se transformar (...)".

Entrevistadores autoritários ou públicos exigentes não devem intimidá-lo... Há pessoas que são formais por natureza, e a seriedade delas não é sinônimo de desaprovação.

PARTE 3

Detalhes fazem toda a diferença

"Nunca use duas palavras
onde apenas uma baste."
Thomas Jefferson

A comunicação é vital para nossa sobrevivência. O choro de uma criança — forma primal de comunicação —, o grito de alguém pedindo socorro em uma situação de perigo, o diálogo imprescindível, ainda que difícil, aliviando as angústias para melhorar a convivência... tudo é comunicação.

Quem se comunica bem vive melhor?

Sem dúvida! Construir nossa identidade e fazer com que esta seja compreendida e respeitada é fundamental.

Um aluno tem de entender bem seu professor, e vice-versa, para que este possa dirimir as dúvidas daquele; profissionais de saúde devem captar a história e as sensações relatadas por seus pacientes, e estes têm de explicar muito bem seus sintomas e sentimentos, em prol de um bom diagnóstico e tratamento; um juiz precisa entender os argumentos do advogado e vice-versa, para que, no final do processo, a justiça seja feita... Estes são apenas alguns exemplos que evidenciam a importância da comunicação, presente em detalhes mínimos do nosso cotidiano.

Todavia, apesar de sabermos da importância da boa comunicação, a sociedade está repleta de casos em que o elo positivo não se estabelece em determinados contextos e situações. Cada um de nós, certamente, já ouviu comentários como: "aquela família não vai bem porque falta diálogo"; "pai e filho não conversam nunca"; "a sociedade se desfez por falta de comunicação entre os sócios".

O contrário também se verifica, e não raro nos deparamos com observações do tipo: "aquele casal estava em vias de se separar, mas depois de muita conversa acabaram se entendendo e voltando às boas"; "o funcionário foi conversar com o chefe, que entendeu suas razões e desistiu de demiti-lo", "depois de um mal-entendido, os amigos resolveram colocar as coisas em pratos limpos e se acertaram".

Pesquisas apontam que passamos mais tempo da vida ouvindo vozes do que qualquer outro som (Pascal Belim, Shirley Fectean & Catherine Bédard, em *Thinking the voice: neural correlates of voice perception*; *Trends in cognitive sciences*, vol. 8, 2004), dado que revela o quanto a comunicação está presente na vida do ser humano.

Um diálogo pode ser breve ou longo, mas precisa ter qualidade para que os interlocutores se entendam. Não por acaso, atualmente, as empresas procuram profissionais capazes de se expressar bem, seja em conversas privadas ou em apresentações para grupos. Assim, falando de maneira clara e objetiva, eles demonstram sua capacidade, sua seriedade e também seu envolvimento com a empresa.

A capacidade de se expressar com clareza, todavia, não se limita ao âmbito de executivos. Você, por exemplo, quando vai a uma loja, deseja ser bem atendido, ou seja, quer que o vendedor entenda perfeitamente o seu pedido e traga exatamente o que você pediu ou que apresente alternativas dentro do que você fixou como premissas para a compra. Certamente, se quiser comprar um sapato social e alguém insistir para que leve uma sandália de praia, terá ocorrido um defeito grave na comunicação! Da mesma forma, se telefonar para determinado serviço de atendimento ao consumidor e o atendente não conseguir compreender qual é a sua queixa, de duas, uma: ou você não conseguiu transmitir a mensagem com clareza, ou ele não conseguiu captá-la, denotando falha na comunicação de uma ou de ambas as partes. O tempo todo estamos diante de desafios de comunicação. E cada um tem de fazer sua parte da melhor forma para que se chegue a acordos e entendimentos.

Um diálogo pode ser breve ou longo, mas precisa ter qualidade para que os interlocutores se entendam.

O DIÁLOGO EM AMBIENTES CORPORATIVOS

As empresas procuram profissionais que se comuniquem bem porque, com isso, certamente terão muito mais chances de consolidar bons negócios. E por quê? Porque haverá mais fluência nas transações não apenas com parceiros, fornecedores e clientes, mas com os demais integrantes de seu quadro funcional. Uma corporação em que o diálogo flua com transparência, a começar do primeiro escalão, que deve dar o exemplo, tem um ambiente interno mais saudável. Verdadeiros líderes sabem como usar a palavra para motivar e criar condições para o êxito nos negócios.

Um estudo da revista *Você S/A* revelou um dado inquietante: 87% das demissões motivadas pelo empregado e não pela empresa ocorrem por deficiências humanas e não técnicas, particularmente por aspectos comportamentais, como: dificuldade de convivência e de reconhecer lideranças, falta de percepção, recusa ao comprometimento. Todas as deficiências reveladas pelo estudo denotam falhas na comunicação ou incapacidade de o indivíduo comunicar-se. O curioso é que, de acordo com o estudo, apenas 20% dos demitidos admitiram sua própria responsabilidade no acontecido. Os demais atribuíram a culpa à empresa ou às pessoas com quem se relacionavam no ambiente de trabalho, especialmente as chefias imediatas; alguns alegaram até mesmo falhas de natureza técnico-profissional. Ainda que esses fatores também fizessem parte do conjunto de motivos que levaram à demissão de tais empregados, a maioria deles não admitia que seu comportamento tivesse sido o fator de agravamento da situação que redundou na perda do emprego. Isso quer dizer que essas pessoas, provavelmente, continuarão tendo problemas de comunicação, pois *quando alguém não se coloca como parte de uma equação não terá condições de resolvê-la justamente por não se reconhecer nela.* Talvez condenem-se a toda uma seqüência de demissões, até que finalmente enxerguem a sua parte no todo.

Sabemos muito bem que temos responsabilidade no que nos acontece, e se há algo em que podemos realmente atuar de maneira completa é sobre nosso próprio comportamento.

As falhas de comunicação nas empresas, muitas vezes, têm origem na percepção, na maneira como as pessoas vêem o mundo. Você já reparou que os patrões reclamam da falta de bons empregados e os empregados se queixam da mesma coisa em relação aos patrões? Será este um problema real ou um problema de comunicação?

A resposta é simples. Diante de tudo o que já vimos até aqui e do que a própria realidade se encarrega de mostrar, este é um típico problema de comunicação. A necessidade de se comunicar bem já era recomendada na antigüidade. Se alguém duvida, consulte a *Bíblia*: "a doçura de lábios aumenta o ensino" (Provérbios, 16:21) ou ainda: "aquele que sabe falar bem será amigo do rei" (Provérbios, 22:11).

Até mesmo quem nem sequer avente a possibilidade de falar em público tem de aprimorar sua comunicação, para ter êxito nas várias esferas de sua vida, até mesmo na profissional. No mínimo, reduzirá as chances de perder um emprego exatamente por não cuidar de sua capacidade de dialogar, o que implica falar e também ouvir. A boa comunicação, provavelmente, lhe proporcionará empregos melhores e mais condições de permanecer neles, além de ser imprescindível para os relacionamentos amorosos, de amizade, de família.

Comunicação é instrumento básico de sobrevivência porque propicia e mantém boas relações. Estudos indicam que a capacidade de dialogar bem tem influência até na redução dos índices de violência. Quem se comunica melhor é menos violento e sofre menos violência. Além disso, se você tiver domínio sobre a linguagem e entender bem seus interlocutores, suas chances de evitar situações de opressão e de assédio moral aumentam.

Independentemente do objetivo de uma interação, o que determina o êxito é o domínio dos princípios básicos. Normalmente, um bom orador político ou excelente professor reúne mais condições de ter sucesso no discurso amoroso ou nos diálogos de negócio. Será uma coincidência? Certamente, não!

O SOFISMA E A TRANSPARÊNCIA

Há situações em que pessoas se comunicam expressando uma opinião que não é verdadeiramente sua. Lembremo-nos dos renomados sofistas da filosofia, que, a fim de vencer qualquer contenda ou discussão, argumentavam com a convicção de uma verdade para transmitir uma inverdade, e com esse recurso — o sofisma — levavam seus interlocutores a acreditar em determinada afirmação.

Sabemos que o sofisma, assim como outros recursos de convencimento sem sustentação na verdade, ainda é muito usado; os discursos políticos são ricos em exemplos dessa natureza. Basta ouvir o antes e o depois das eleições. Mas um fator é preponderante para que ocorra o convencimento: a convicção de quem fala. Mesmo uma inverdade tem chances de ser acatada como verdade se for declarada com energia e assertividade. Este é um grande perigo da comunicação. Ainda há muitos sofistas, mas, talvez, hoje tenhamos mais instrumentos para identificá-los e neutralizá-los.

De qualquer forma, para não sucumbir à tentação do balaio geral, que lhe subtrai a identidade, siga o nosso conselho: não use chavões nem situações montadas que não correspondam ao que você acredita, que lhe roubem a espontaneidade.

Campanhas políticas são exemplos ideais do que não se deve fazer. Nelas, podemos encontrar discursos vazios ou empolados, a ponto de perder o sentido, ou claramente mentirosos, ou pura perda de tempo — tempo, aliás, precioso, porque a mídia cobra caríssimo cada segundo e os políticos têm direito a espaço gratuito, até mesmo quando, fora dos horários de propaganda eleitoral, são entrevistados. Há quem use tanto tempo agradecendo o convite e pedindo licença para falar com o ouvinte e o telespectador que acaba ficando sem tempo para realmente dar o recado, dizer a que veio e qual é a sua plataforma de trabalho que pretende realizar, para pedir o voto do eleitor. Muita gente se preocupa mais em construir uma bela imagem do que em deixar bem claras as suas propostas. Dá para desconfiar de uma atitude dessas...

O eleitor avalia antes de dar o seu voto. Da mesma forma que o professor analisa o conhecimento do aluno antes de dar a nota. E o examinador escuta atentamente o candidato a um concurso, para concluir se tem ou não condições de ser aprovado. Portanto, se se comunicar bem é importante em diferentes situações do dia-a-dia, será *fundamental* nesses episódios de avaliação, porque se trata de um pré-requisito vital.

Até mesmo quem nem sequer avente a possibilidade de falar em público tem de aprimorar sua comunicação, para ter êxito nas várias esferas de sua vida, até mesmo na profissional

A VOZ COMO INSTRUMENTO

Há dois pilares básicos dos quais depende a comunicação: a voz e a fala. Embora sejam confundidos ou até mesmo fundidos e tomados como uma mesma coisa, é bom que se diga: voz e fala são coisas distintas.

Voz. A voz é resultante da emissão do som pelas "pregas vocais", tradicionalmente conhecidas como "cordas vocais".

Fala. A fala é o que resulta da articulação de letras, sílabas e palavras depois da passagem pelas pregas vocais. Assim, o que dizemos é uma mescla de sons, articulações, elaboração e exposição do pensamento.

Uma pessoa pode ter problema de fala e não de voz, ou o contrário; ou, ainda, pode apresentar uma mescla de ambos, resultando um desafio ainda mais complexo.

Problemas de voz são caracterizados por alterações na sonoridade, como:

- Rouquidão.
- Cansaço.
- Falta de extensão.
- Pigarro constante.

E podem decorrer de diversos fatores, como:

- Necessidade de falar por tempo prolongado, como acontece com professores;
- Necessidade de falar em ambientes desfavoráveis, como o muito ruidoso, o muito seco ou o muito úmido.
- Estresse.

Muitas vezes, os problemas vocais têm a ver com características pessoais, como:

- Volume de voz excessivo ou insuficiente.

- Falta de ritmo ou monotonia.
- Nasalidade.
- Desarmonia entre voz e corpo (adulto com sonoridade infantil ou mudança de tom involuntária).

Os problemas de fala podem, ainda, se caracterizar por:

- Articulação alterada, muito tensa ou travada, como abrir pouco a boca ao falar.
- Ritmos extremos, como rapidez exacerbada ou lentidão.
- Projeção da língua entre os dentes em sons como "s" e "z".

Qualquer que seja a origem do problema, é preciso buscar a avaliação de um fonoaudiólogo, que definirá a melhor maneira de corrigir a falha. O importante é saber que qualquer que seja a falha, há como corrigir. Ninguém precisa se condenar a viver com um problema de voz. Em certos casos, haverá a necessidade de ouvir a opinião de um médico otorrinolaringologista — melhor ainda se tiver ampla experiência em laringologia. A intenção é observar se o caso é de terapia ou de microcirurgia.

A voz boa é a que soa sem ruídos, sem esforço, parece confortável para quem fala e, conseqüentemente, para quem ouve. Tem variações, claro, de intensidade (volume) e freqüência (fino ou agudo, grosso ou grave), muito importantes para a expressão. Nada pior para a comunicação do que a monotonia. O som monótono convida ao sono, nada mais.

A saúde da voz depende de muitos fatores. Confira, a seguir, as dicas para mantê-la:

> ***Boa hidratação.*** Água faz bem para a voz; deve ser consumida diária e constantemente, em pequenos goles subseqüentes; portanto, tenha sempre à mão uma garrafinha com água.
>
> ***Alimentação.*** Quando tiver de se apresentar em público, para evitar desconfortos corporais (estômago pesado, sonolência) e ampliar ao máximo sua disposição, aposte na

refeição balanceada e nutritiva, mas nunca pesada. Feijoada, nem pensar! Lembre-se de que "leveza na dieta" não é sinônimo de "carência de nutrientes", mas o contrário.

Pigarro. Embora as pessoas costumem pigarrear quando estão tensas ou sob pressão, esse é um recurso contraindicado, porque pode irritar a mucosa da prega vocal e causar rouquidão ou fadiga vocal. Em vez de recorrer ao pigarro, tome um gole de água; você logo perceberá a diferença na voz.

Roupas apertadas no pescoço. Evite golas altas e justas, porque são desconfortáveis para quem fala.

Aparelho vocal. Conheça seu aparelho vocal; saiba que entre suas pregas vocais só passa ar, que vai direto para os pulmões.

Crendices ou mandingas. Quando lhe sugerirem uma "receita milagrosa", uma "simpatia infalível" ou um "truque perfeito" para melhorar a voz, agradeça, mas não coloque em prática, porque pode prejudicar a fonação.

Profissional especializado. Se você observar fadiga vocal ou qualquer alteração na qualidade do som que habitualmente emite, procure um profissional especializado para fazer a avaliação da origem e indicar o melhor tratamento. Nada de improvisações.

Exercite-se antes de falar. Um bom exercício para limpeza vocal e gerar mais disposição é o seguinte: execute o som "tr" prolongado, fazendo vibrar a ponta da língua, durante um ou dois minutos, sem esforço. Esse exercício prepara as pregas vocais para a comunicação. Experimente e ajuste o tempo adequado para você, mas não exagere. Uma variação para este exercício pode ser sustentar a vibração entre sons graves e agudos.

Orientação individualizada. Caso fale sempre em público, procure um fonoaudiólogo. Trata-se de uma medida preventiva, que pode garantir sua boa forma vocal mesmo que não haja nenhum problema aparente.

A emoção na ponta da língua

"A originalidade é impossível.
No máximo, podemos variar muito
ligeiramente o passado, dar-lhe um novo
matiz, uma nova entonação. Cada geração
escreve um novo poema, conta o mesmo
conto. Com uma pequena diferença: a voz."

Jorge Luis Borges

Faça sua voz ser reconhecida. Aproveite esse potencial.

A voz traduz e revela emoções, por isso conseguimos perceber o estado emocional de alguém sem ver sua expressão facial, apenas falando por telefone. A voz revela emoções até mesmo em frases simples, como "Olá, tudo bem?". Esse simples cumprimento pode estar permeado de alegria, pesar, ironia, desconfiança, raiva... Para saber, basta observar a entonação com que foi dito ou o timbre de voz de quem o disse — pessoas com voz muito grave (grossa) costumam dar a impressão de seriedade, maturidade, enquanto as mais agudas (finas), tanto para o homem como para a mulher, podem inspirar infantilidade.

Independentemente do timbre, porém, todas as pessoas podem — e devem — usar bem seu principal instrumento de comunicação, que é a voz. "De uma forma ou de outra, percebe-se o quanto as noções de desenvolvimento pessoal, identidade e capacidade de estabelecer vínculos estão profundamente relacionados com a voz. É, por exemplo, fato amplamente conhecido que a palavra 'personalidade' vem de *persona* — 'máscara' no antigo teatro. Mas o que fascina é que a palavra *persona*, originalmente, designava 'embocadura' da máscara por onde o som passava: 'per-sona: soar através de'." (Anna Ilisa V. A. Güntert, em artigo da *Revista Brasileira de Psicanálise*, 1999)

A maneira como nos comunicamos com o mundo revela a nossa per*son*alidade. Assim, do mesmo modo como cuidamos de técnicas para bem falar, precisamos também apurar nossa capacidade de trabalhar as emoções, de maneira a expressá-las adequadamente. Podemos, talvez, compará-las ao tempero, na culinária: realçam o sabor, enriquecem o resultado final, são instrumentos imprescindíveis à comunicação, porque revelam não apenas o conteúdo, mas a alma do orador.

AS FIGURAS DE PENSAMENTO

Úteis em qualquer modalidade de oratória, da exposição ao debate, da argumentação ao convencimento, as figuras de pensamento são muitas.

Segundo Jerônimo Geraldo de Queiroz, em cuja obra pesquisamos boa parte das figuras adiante citadas, as figuras do pensamento podem ser usadas para provar, despertar sentimentos ou apenas, mas nem por isso com menor importância, ornamentar uma exposição. Vale citar uma série das que ele define, porque ajuda a organizar o pensamento e, conseqüentemente, a exposição de idéias. Elas são específicas para o segmento jurídico, o que pode ser constatado pelos exemplos citados, mas podem ser usadas em qualquer circunstância e setor do conhecimento.

Embora longa, preferimos citar a classificação do professor Jerônimo do que nos lançar a criar outra, sendo este o caminho mais saudável do ponto de vista do ensino e também uma homenagem ao seu autor.

Vejamos:

Dentre as figuras de pensamentos, temos:

a) As que *facilitam provar.*

b) As que *propiciam paixões* e *sentimentos.*

c) As que *se destinam a ornamentos.*

Figuras de pensamento que FACILITAM PROVAR:

Acumulação, atroísmo, sinatroísmo. Reunião numa só frase do máximo de pormenores da idéia principal: "Injuriou, humilhou, provocou, desafiou, agrediu e ainda matou".

Comparação. Relacionar duas idéias do que concluímos, do mais ao menos, ou do menos ao mais: "Se já matou três, não mataria mais um?".

Comunicação. Pedir que os ouvintes sejam o nosso juiz: "Aceito vosso julgamento, pois sei que acreditais na sinceridade da confissão que vou fazer agora".

Concessão. Conceder algo ao adversário, para daí tirar-se proveito contra ele: "Foi por demais condescendente. Vejam, agora, as conseqüências contra ele...".

Conglobação. Enumeração rápida e cerrada das partes de um objeto ou das circunstâncias de um fato: "Pretarrão, disforme, ventrudo, horripilante, cuja presença gera espanto e choro e gritos de socorro".

Distribuição. Divisão da idéia em partes que se encadeiam e completam: "Vale a pessoa pelo que tem, pelo que sabe, pelas relações que mantém e pelo que é".

Enumeração das partes. "Idéias, palavra, gesto, eis o discurso".

Epítrope. Concede-se algo que se poderia negar, para se conseguir a atenção: "Admito que queirais condená-lo. Mas, escutai-me primeiro".

Espanostose, correção. Retratação ou explicação do que se disse: "Meu dever é defender. Mas, pensáreis que iria eu mentir, desonrando meu nome? Alguém pensaria?".

Licença. Permite-se apontar tudo contra quem se quer ofender: "Revelarei tudo o que sei contra ele. Tudo. Tudo".

Paradiástole. Distinção que se faz entre idéias análogas ou vizinhas: "Sentiu na carne; e experimentou na alma, dor e remorso".

Permissão. Finge-se permitir o que não se deseja: "Bebe mais, provoca mais ainda, comete mais crimes".

Preterição, paralípse. Fingir que não quer abordar o processo principal, mas ir agrupando provas de uma causa ou circunstância de um fato: "Nada vos direi dos roubos, prevaricações, perseguições, violências, que ele já havia praticado".

Prolepse, antecipação. Previne-se uma objeção, fazendo-a a si mesmo: "Porque pertence ele a meu partido, não posso acusá-lo?".

Recapitulação. Repetição curta e sumária das razões expostas no corpo do discurso.

Figuras de pensamento que PROPICIAM PAIXÕES E SENTIMENTOS:

Alusão. Mostra de relações e analogias, para não fazer menção expressa: "Tinha experiência e dinheiro, e faliu. Por quê?".

Anticlímax. Gradação ascendente e descendente no mesmo período: "Desconfiei, investiguei, constatei. Lamento, desprezo, esqueço".

Antítese. Levar a ironia ou o eufemismo ao extremo de expressar o contrário da idéia: "Judas, o leal".

Antítese. Oposição de palavras a palavras ou pensamentos: "Roubas, ele trabalha; és o futuro, ele o passado".

Asteísmo. Ironia elegante, com urbanidade, que lisonjeia, parecendo censurar: "Espero que teus amigos antigos eleitores te reelejam".

Cleoasma. Ironia mofante, por dar louvores imerecidos: "Teus romances são os mais lidos, apreciados e divulgados".

Clímax. Gradação ascendente de idéias, imagens e sentimentos: "Sinto, percebo, conheço-lhes as maquinações".

Comparação. Aproximação de objetos, só para realçar as semelhanças: "Meu peito é um oceano de calmaria e procela".

Cronografia. Descrição de um momento do tempo: "Madrugada... Entardecer...".

Demonstração. Exposição do fato ou acontecimento.

Etopéia. Descrição dos costumes, caráter e paixões de alguém.

Eufemismo. Forma de perífrase, para suavizar ou adocicar idéias: "Foi-lhe suave o passamento para além da terra".

Gradação. Descendente: "Grita, resmunga, murmura, cala-se".

Hipérbole. Exagerar a idéia ou objeto além da verdade: "A chuva de ontem foi um dilúvio bíblico".

Ironia. Dizer o contrário do que se pensa ou se pretende fazer entender: "Que fabulosa administração a deste exemplo de honestidade!".

Letole. Dizer menos para fazer entender mais: "Pelo que fizeste, devo te amar?"

Mimese. Imitação, paródia dos ditos daquele que se procura pôr no ridículo: "Façamos o que ele prega e não pratica".

Nipotipose. Descrição completa, verdadeira, evidente de um objeto.

Paradoxismo. Reunir, a respeito do mesmo sujeito, assuntos que parecem contradições: "Quanto mais homem, mais santo". "Seu mérito foi destruir os méritos alheios."

Paralelo. Compensação de semelhanças e diferenças: "João, o modelo; Pedro, o errado".

Perífrase. Designar algo ou alguém sem lhe dizer o nome, com definições longas, em circunlóquio moderado, em coisas indizíveis direta ou abertamente: "Quem desama verdade, bem e beleza, como se chama?".

Prosopografia. Descrição do exterior de pessoa ou animal.

Sarcasmo ou mioterismo. Ironia mordaz, insultante: "Se és o salvador, salva-te agora".

Topografia. Descrição pormenorizada de um lugar.

Figuras de pensamento que SE DESTINAM A ORNAMENTOS:

Apóstofre. Desviar-se do assunto, para se dirigir aos deuses, aos mortos, aos seres inanimados ou alegóricos.

Cominação. Imprecação por males próximos e invitações: "Maldito, ainda existe uma cova vazia em nosso cemitério. E forrada de brasas".

Depressão ou Obsecração. Suplicar a alguém uma graça: "Ó mãe, gera-me de novo, e melhor!".

Dialogismo. Fingirmos pessoas falando consigo mesmas, com outras, ou conosco.

Exclamação. Elevar a voz, por meio de interjeições.

Idolopéia. Fazer divindades e mortos falarem.

Imprecação. Maldição, advinda de raiva ou desespero: "Raios te partam, coração de fel!".

Interrogação. Para convencer ou confundir o ouvinte.

Prosopopéia. Dar vida e palavra ao inanimado ou abstrato: "Inferno, engula este tirano!".

Reticências. Interrupção brusca do discurso, dando a impressão que se cala ou transparecendo suspeita: "Pelo que fizeste, eu deveria te... De vergonha e ódio, calo-me...".

Suspensão. Para manter o auditório em suspenso: "Nem pensem no que vou lhes revelar brevemente".

A lista dada pelo professor Jerônimo Queiroz é muito extensa e bem elaborada. A divisão que ele faz sobre figuras para *prova*, *sentimento* e *ornamento* é interessante, mas cremos que na prática as utilidades se misturam. Em nossa experiência no Tribunal do Júri e em negociações, podemos perceber que, talvez, o que mais "prove" sejam os argumentos que tocam o "sentimento", e o que inúmeras vezes convence não é o conteúdo ou o mérito, mas o "ornamento".

Segundo o autor citado, "todas essas figuras de retórica não são artificialismos, pois atendem a necessidades da natureza humana. Usadas apropriadamente, em sintonia com o gesto significativo, com a cor adequada da voz e a convicção entusiasta e sincera, elas intensificam a eloqüência do discurso, tamanho é o valor do belo e do sublime para o convencimento, o deleite e a movência do ouvinte, compelindo-o a responder positivamente ao estímulo transmissor da nossa mensagem. São elas o acabamento sutil do feito formal do *estilo*, para o artefato adequado do discurso".

A ABRANGÊNCIA DO DEBATE

Jean Bélanger é uma grande referência em termos de técnica e prática de debate, e ensina que os pressupostos para uma discussão objetiva são:

- Um assunto.
- Interesse sincero da parte dos participantes.
- Conhecimento suficiente desse assunto.
- Treinamento intelectual adequado.
- Tempo suficiente para discutir.

Ele recomenda uma preparação cuidadosa, a começar pela análise do problema sem nenhum preconceito, reunindo argumentos corretos e bem articulados, sabendo como expressá-los da melhor maneira. Pode parecer óbvio, mas muita gente acredita que participar de um debate é algo voluntarista e espontâneo.

Preparação

A preparação, assim como para uma apresentação em público, é a base de tudo. Para isso, Bélanger recomenda os seguintes passos:

- Identificar e analisar o problema.
- Determinar um objetivo.
- Considerar hipóteses que conduzam a essa meta, argumentando pró e contra elas.
- Escolher a que resistiu melhor a esse crivo.
- Reexaminar o tema, com todos os elementos utilizados, dando-lhe a forma de uma proposta.
- Chegar a uma proposta bem elaborada.

Refutação

Outro ponto importante em um debate é a refutação. Isso requer:

- Estudar previamente o tema.
- Reunir provas (fatos, exemplos, estatísticas etc.).

- Definir um objetivo entre muitas alternativas, como: descobrir ou não a verdade, esclarecer ou confundir, chegar a um acordo ou destruir um oponente (no debate político, por exemplo) etc.

Fases da refutação

Como fases da refutação, Bélanger cita:

- Ouvir o argumento alheio.
- Tomar a palavra, resumindo o que ouvir para, em seguida, refutar, apresentando argumentos favoráveis à sua tese.
- Concluir.

É fundamental que você saiba o que quer ou precisa obter em um debate, ou seja, qual é a sua intenção. Se não souber isso, poderá ver-se na complicada situação de ter de aceitar o que não lhe satisfaz; já, se tivesse determinado seu objetivo, sua intenção, poderia permanecer no debate até obter o sucesso almejado.

A intenção, em um debate, tanto pode ser a de tornar uma idéia vencedora como a de "enfraquecer ou demolir os argumentos do oponente, apresentando-lhe objeções pertinentes e refugando-os", como diz Bélanger. Enquanto o mero "objetar" limita-se a pontuar uma posição contrária ao que foi dito, "refutar" é destruir racionalmente os argumentos do oponente. Em Direito, por exemplo, nem sempre é conveniente ou necessário refutar, bastando que se objete.

A objeção também serve para marcar uma discordância sem perder muito tempo com ela ou sem dificultar o prosseguimento de um debate ou negociação. Às vezes, os interlocutores gastam tanto tempo e energia em refutações longas e contínuas que não conseguem chegar a resultados práticos e objetivos.

O melhor treino para o debate e a refutação é reunir um grupo de amigos interessados nesse aperfeiçoamento. Reuniões periódicas, regadas com bons temas e polêmicas tradicionais ou recentes, geram grandes tribunos. Nesse passo, os júris simulados e debates, os grupos de discussão e oratória, todos prestam excelentes serviços à causa do bem falar.

Parte 4

O duplo alicerce

"Inteligente é aquele que lê a si mesmo."
Eugênio Mussak

Em termos filosóficos, são dois os alicerces da comunicação: a dialética e a retórica. É importante ter muito claro o que significam esses elementos clássicos, porque ajudam a compreender a abrangência do tema.

Dialética. É definida como a arte de discutir, argumentar, debater, transmitir idéias. Foi criada e praticada por grandes sábios da Antigüidade, como Sócrates, Platão e Aristóteles, e pressupõe a existência de um diálogo, de opiniões distintas, e a não concordância de idéias. O conceito alterou-se com a intervenção de Hegel, para quem a transformação das idéias conduz à transformação da matéria. Para o filósofo, a dialética é o processo fundamental das mudanças históricas, na certeza de que cada momento traz em si os germes de sua própria destruição, para subseqüente recriação. Ele afirmou, ainda, que a percepção da realidade é dependente da dialética, das discussões, dos debates, e que o próprio pensamento individual é dialético, posto que repleto de diálogos internos. A negação da dialética levaria à estagnação. Entre duas ou mais pessoas com visões, idéias e propósitos individuais, apenas o exercício da dialética constrói, acredita Hegel. Para expor os propósitos individuais, no entanto, não é preciso imposição, agressividade, medo, e sim o bom debate — o uso adequado da argumentação.

Retórica. Pressupõe a presença de um indivíduo — o orador — e de uma platéia. Segundo a definição aristotélica, retórica é "a faculdade de ver teoricamente o que, em cada caso, pode ser capaz de gerar persuasão", sendo, nesse sentido, uma atividade em que a forma predomina sobre o conteúdo. A persuasão pretendida pela retórica depende do discurso, do uso da argumentação para convencer, e lança mão de uma linguagem comum, não-técnica e especializada. A retórica, como conceito, é dirigida a todos os homens, e não a um segmento específico de pessoas.

É oportuno abordarmos a persuasão com mais profundidade, porque, de acordo com Jean Bélanger, esse recurso "pode ser um instrumento terrível nas mãos de pessoas sem escrúpulos", embora não seja imoral em si. Ele diz que a persuasão "é legítima, quando combinada com uma argumentação lógica, sob a condição de que não a ultrapasse nem a deforme. Ela pode ser terrível quando priva as pessoas da sua liberdade, impedindo-as de escolher. A persuasão leva as pessoas a um objetivo que parece ser aquele que queriam atingir, ao passo que, na realidade, foi escolhido pelo orador persuasivo unicamente por interesse próprio". A melhor maneira de lidar com o tema é ter sempre presente que o fim não justifica os meios.

A maioria das atividades humanas — cargos públicos, empregos, negócios — depende estreitamente de boa comunicação e de interações. Então, vamos transpor os alicerces para a vida prática. A dialética tem a ver com a exposição de suas idéias às argumentações; a retórica implica a maneira como se utiliza as palavras — nem formais nem pomposas — para elaborar um bom discurso. Usa-se a dialética como fator de construção do pensamento, e a retórica como arte, justamente a de dizer de modo simples e claro, mas com determinação e convicção.

A retórica e o Direito

A retórica surgiu na Grécia antiga, e, assim como a filosofia, teve sua origem associada às novas "relações sociais". Estava inserida num contexto característico do mundo grego, de democracia e liberdade de debate. Seu nascimento está localizado no século V a.C., na Magna Grécia, hoje o sul da Itália, especificamente a Sicília. O primeiro e rudimentar tratado de retórica foi escrito em 465 a.C. por Tísias e Córax, dois oradores que se destacaram na defesa de vítimas de atos arbitrários praticados pelo tirano da cidade de Siracusa.

Desde a sua origem, portanto, a retórica está fortemente associada ao Direito e à busca de correção para as injustiças, uma atividade nobre que ultrapassa a atividade meramente jurídica para assumir um alcance político, filosófico, psicológico, antropológico. Talvez derive dessa origem a expectativa de que todo advogado ou defensor de causas justas deva ser dotado de boa retórica.

Graças ao pensamento platônico, que é fundamentalmente crítico, a retórica é erroneamente identificada hoje como o costume de usar "adornos pomposos em um discurso", mas, na verdade, trata-se da arte de bem falar.

Ao longo da história, a retórica chegou a ser mais valorizada que a dialética, mas ambas constituem preciosos instrumentos da vida social, e todos aqueles que se saem bem nesses campos são admirados. Existe uma magia, um halo mítico que envolve escritores e oradores de boa cepa. Eles certamente foram se construindo gradativamente, para chegar a esse grau de excelência. Exercitar bem essas artes torna qualquer pessoa mais influente, respeitada e produtiva, assim como torna qualquer outro ofício mais completo.

Utilize esses recursos

Mesmo em atividades que não sejam diretamente ligadas à expressão verbal, o duplo alicerce formado pela dialética e a retórica constitui um importante fator de sucesso. Com base nesse alicerce, você pode ser brilhante na elaboração e organização das idéias e contundente na forma de apresentá-las.

Faça exercícios de imaginação e treinos reais.

Imagine-se elaborando bons argumentos para responder a uma questão, ao mesmo tempo em que lança mão de recursos de retórica para dar brilho a sua exposição. Depois, trabalhe diante do espelho e, em seguida, avalie como se saiu no exercício mental e no prático. O desafio é analisar em que eles se parecem. Há pontos semelhantes? A imaginação ficou próxima ou distante da realidade? Tente aproximar ao máximo o ideal (imaginado) do real com treinamentos sucessivos. É um treinamento bastante eficaz para ampliar o autoconhecimento e a capacidade de aperfeiçoar-se por meio da sua própria expectativa a respeito do que considera uma boa atuação

AUTOCONTROLE SOB QUALQUER CIRCUNSTÂNCIA

O mesmo medo que já abordamos ao falar dos momentos que precedem uma exposição ou prova pode surpreender o orador em meio a seu discurso ou durante a argüição. Ninguém está livre de um assalto repentino deste sentimento paralisante, que cria fantasias assustadoras e cenários altamente negativos, geralmente associados a uma avaliação muito negativa da performance do orador. Faz com que venham à tona inseguranças, e o momento em que estamos diante do público é aquele em que nos encontramos mais vulneráveis.

Apesar de todo o preparo para aumentar a autoconfiança, a insegurança pode levar ao receio de ser breve demais para dar todo o recado ou de falar além do que deveria, causando desconforto e desatenção na platéia. No fundo, o que gera esta sensação é o risco de receber uma avaliação negativa ou de fazer algo que realmente seja desastroso, como perder o fio da meada ou esquecer os argumentos apropriados para o grande final.

Qualquer que seja a razão do percalço, a conduta a tomar é admitir a presença do medo, mas não valorizá-lo a ponto de permitir que ele assuma o controle. A insegurança é inerente a qualquer momento de avaliação. É natural, portanto, e perfeitamente controlável. Concentre-se na exposição de suas idéias, porque assim a insegurança desaparecerá. É este o seu foco. É para isto que você está diante de uma platéia ou de um examinador ou de alunos. Você sabe perfeitamente que pode permanecer no controle de todas as situações, porque vem treinando em diferentes condições. Sua auto-aprovação é mais importante do que qualquer outra, porque ela permitirá que você brilhe. É o antídoto perfeito.

Em momentos de insegurança, a prudência é um instrumento de grande valia. Segundo o *Dicionário Aurélio*, "prudência" significa "agir com comedimento, buscando evitar tudo que julga fonte de erro ou de dano. Cautela, precaução". Diante do público, nem pense em empregar em seu discurso um termo que nunca tenha empregado e, portanto, não tenha certeza de como fazê-lo, assim como nem pense em adotar atitude sobre cuja eficácia você não esteja plenamente seguro. Ali, sob o crivo da platéia ou de examinadores, evite riscos desnecessários.

Mas, como saber se se está sendo prudente? Basta seguir a cartilha básica, do preparo à criação de empatia. Basta, ainda, afastar os elementos sobre os quais não tem absoluta certeza. Aposte no que é natural em você. Depois de todo o treinamento, nada de usar recursos que não têm a ver com a sua personalidade. O artificial não funciona. Explore e otimize tudo o que combina com você. Valorize sua autenticidade e suas qualidades. Você já aprendeu a reconhecê-las.

O medo... Ninguém está livre de um assalto repentino deste sentimento paralisante...

NAVEGANDO NAS EMOÇÕES

A emoção é outro elemento que, em uma apresentação, pode nos trazer surpresas. Claro que nossas emoções devem nos favorecer, e não criar barreiras. No entanto, quando estamos diante do público, é uma das expressões mais difíceis de controlar. O grande segredo para trabalhá-las à nossa maneira é conhecendo-as bem, o que se consegue com muito treino.

Vale contar uma história interessante. Um candidato à Magistratura, em São Paulo, chegou de maneira brilhante à fase oral das provas. Quando lhe fizeram uma pergunta para a qual ele tinha firmes argumentos para responder, a emoção do momento associada ao medo de errar fez com que ele não respondesse. Ele foi sincero e disse ao entrevistador: "Não consigo responder". Este lhe deu uma nova chance, com outra pergunta. Mas o candidato simplesmente paralisou, repetindo: "Não consigo responder. Desculpe-me, Excelência", e pediu para que a prova terminasse.

O rapaz estava plenamente preparado nos quesitos técnicos, como bem mostrava sua prova escrita, mas nunca havia simulado uma situação de entrevista ou prova oral, e assim não soube como lidar com a emoção do momento. Ela assumiu o controle e o dominou, impedindo-o de prosseguir.

Quem tem de estar no comando é o orador ou o candidato, mesmo que a emoção seja forte, intensa. Assim, o candidato em questão foi reprovado. E, infelizmente, essa reprovação era necessária, porque ele precisava desenvolver sua habilidade para fazer exposições e vivenciar as emoções sem que elas o derrubassem. Quando se preparava para outra prova, então em Minas Gerais, ele procurou nossa ajuda para ultrapassar essa dificuldade. Fizemos um treinamento intensivo, quando ele teve a oportunidade de constatar — porque desconhecia essa habilidade — o quão bem se comunicava. Foi aprovado com louvor na prova oral e na entrevista, tornando-se juiz de Direito. Uma vitória mais difícil e, talvez por isso, ainda mais valorosa.

Emoção: colocar e controlar

Há uma grande diferença entre "colocar emoção" e "controlar emoção". Se você se conhece, treina com interlocutores, valoriza empatia e se determina a lidar com seus medos, a emoção será adequada e natural para o momento.

Há emoções e emoções, que variam de acordo com as circunstâncias. Nada mais extraordinário que um orador capaz de, em meia hora, fazer a platéia oscilar entre o riso e as lágrimas. Isto é possível, sim, mas cada coisa a seu tempo. Em um júri, eventualmente, o defensor pode chorar, tocado pela situação do réu; cair em prantos em uma prova oral, por outro lado, será uma tragédia.

No discurso amoroso, as lágrimas, apesar de admissíveis, são um recurso de risco: no momento certo podem conduzir ao céu mais luminoso, mas no momento errado, ao mais profundo e escuro poço.

Aqui está uma sugestão de treino para que você possa observar como lidar com a emoção ao falar. Use um texto simples, com três linhas, se possível neutro e anódino. Você pode também usar a contagem de números de 1 a 20, para permanecer em um contexto bastante neutro — é importante que o texto seja neutro para que suas palavras não induzam a uma emoção específica. Agora, lendo o texto escolhido ou contando de 1 a 20, em voz alta, vivencie internamente (imagine) as seguintes sensações:

1. Naturalidade, como se estivesse falando numa situação cotidiana comum.
2. Grande felicidade.
3. Tristeza, seguida de ansiedade, medo e angústia.
4. Convicção.
5. Raiva.
6. Determinação.

Durante o exercício, procure perceber se o ritmo e o volume (intensidade) da voz variam diante das diferentes emoções, ou seja, se há diferença quando você faz as modulações. Caso não haja, refaça o exercício até que consiga sentir o que se propôs. Acima de tudo, experimente o que é falar com convicção. O treino é fundamental para desenvolver essa capacidade. Evite deixar para entrar em contato com isso somente quando estiver em exposição. Quanto mais tentar, mais estará no controle do que sente e de como sente.

Repita a experiência diante do espelho, porque terá a oportunidade de ver como seu comportamento se altera.

Nem tenso nem relaxado: no controle!

Quem tem de resolver seus desafios é você. Em instantes decisivos da sua vida, não faltará quem sugira que você tente relaxar, caso esteja muito tenso. O conselho, mesmo parecendo inócuo, pode ser contraproducente, porque até para relaxar é preciso de treino.

Relaxar não é algo que se faça com uma varinha de condão, mas com preparo. Além disso, "relaxar" não é a atitude adequada quando se tem diante de si um desafio. Relaxamos diante de uma bela paisagem ou dentro de uma banheira de ofurô, para citar apenas dois exemplos. Durante uma exposição temos de buscar tranqüilidade. Então, é possível dizer nos exercícios: fique tranqüilo, você faz sua parte e está pronto!

Às vezes, o calor do momento faz com que o orador, em vez de se acalmar, fique tenso, mas de maneira positiva, com a firme disposição de expor sua própria alma. Já foi dito que "uma boa raiva produz um belo discurso". Assim, não existe uma regra exata. O importante é manter-se no controle. E a chave é sempre o autoconhecimento.

Finalize seu treino expressando "comunicação com atitude". Em seguida, descreva a emoção envolvida quando você se comunica com atitude.

Comunicação é atitude!

O ALCANCE DA SEDUÇÃO

No filme *O beijo da mulher aranha* ocorre, por força do discurso, a aproximação e o choque entre dois universos pessoais diferentes. Toda a força dramática e a estrutura da obra se apóiam na profunda disparidade de sentimentos, crenças e idéias entre os personagens Valentim (preso político) e Molina (homossexual acusado de corrupção de menores), enclausurados na mesma cela. Para Molina, toda a comunicação acontece no plano da sensibilidade; Valentim, por sua vez, busca sempre esquemas analíticos para aplicar à realidade.

O primeiro é detalhista ao se expressar; o segundo prefere a síntese. Molina simboliza a emoção, os sentimentos, os desejos; Valentim, a razão, a doutrina, a ética. Molina se entrega à fantasia, quer se dedicar ao prazer, a suas ilusões amorosas; Valentim é dominado pela lógica rígida, entrega sua vida à revolução, aos ideais políticos e sociais, à utopia. Molina é coração e corpo; Valentim, cérebro e mente. Um representa o estereótipo do universo feminino, aparentemente mais sensível e subjetivo; o outro, o do universo masculino, aparentemente mais científico e objetivo.

Percebe-se, inicialmente, como seus universos são distantes. Ainda assim, usando a força de seu discurso, Molina consegue trazer Valentim para a sua realidade, de maneira a que mude radicalmente de comportamento e a forma de encarar a vida. O universo de Valentim se transforma.

Muitas vezes, basta transportar uma pessoa de um ambiente para outro para que ela mude de opinião quase que instantaneamente, só por observar outros cenários e certificar-se de que não há apenas uma só alternativa diante de si. Esta é uma das marcas da sedução: tirar alguém de seu caminho e introduzi-lo em outro, novo, que a pessoa talvez nem imaginasse existir. É o que faz Molina com seu colega de cela. O emissor seduz, quando transporta o receptor para o seu mundo.

Seduzir, em certo sentido, é desvirtuar, descarrilar. Molina consegue tirar Valentim do caminho que este havia traçado para si, conduzindo-o por outro, repleto de sensações e sentimentos — um terreno em que o racional personagem sequer cogitava desvendar.

Molina e Valentim se envolvem e têm relações sexuais, como uma metáfora, talvez, para o que vivenciam ali naquele exíguo espaço compartilhado. Mais do que um comportamento ligado aos instintos corporais, esse movimento sugere e sintetiza sua aproximação, provocada pelas sucessivas (e envolventes) narrações de Molina.

O exemplo mais eloqüente da conversão de Valentim à sedução de Molina se revela quando aquele escreve para Marta, sua amante, uma das mulheres por quem se apaixonou. Seu estilo, então, diverge totalmente do que lhe era característico. Sua linguagem é claramente melodramática. Antes, marxista convicto, agora Valentim clama por Deus. O episódio representa simbolicamente sua passagem definitiva para o universo de Molina.

Na vida real

Quantos casos de sedução você conhece?

Pode-se dizer que são tantos quantos forem os discursos, não importa sua origem.

Casos de sedução estão presentes em todos os momentos de nossa vida, da propaganda de sabonete a um clássico da literatura, como *Cyrano de Bergerac*, de Edmond Rostand, em que o personagem principal seduz com palavras sua amada Roxane.

A sedução é um poder de atração de amplo espectro. Está presente no fato de o líder William Wallace incitar os escoceses a enfrentar o exército inglês, não obstante o desequilíbrio de recursos favorável aos dominadores; está também na poderosa palavra do líder negro pacifista Martin Luther King Jr., convencendo o povo dos Estados Unidos a compartilhar de seu sonho — o de que um dia todos os seus compatriotas seriam julgados pelo valor de seu caráter, não pela cor da pele.

Há sedução todo o tempo, desde que o homem começou a fazer uso da palavra.

Não por acaso, diz o ditado: "uma frase é capaz de mudar um destino". E também uma vida inteira, um país, o próprio mundo, caso seja a semente de um amplo movimento de transformação. Muitos sábios tiveram essa oportunidade e a usaram. Da mesma forma que os tiranos... Frases têm esse poder, e ele será tanto mais efetivo quanto mais elementos se agregarem à linguagem — a convicção, o exemplo, o sentimento!

Quantos casos de sedução você conhece? Pode-se dizer que são tantos quantos forem os discursos, não importa sua origem...

PERGUNTAS COMO RECURSO

Uma boa forma de começar uma exposição é formular uma pergunta ou sugerir um problema. Não necessariamente esperando que o público participe, mas como recurso para introduzir o tema, ou seja, você pergunta e você mesmo responde. A intenção é induzir o público à reflexão, para que este se situe naturalmente no contexto. É um interessante artifício de envolvimento, porque não apenas estimula a platéia como a direciona.

Esse recurso pode ser repetido uma ou outra vez, caso você tenha de fazer uma exposição prolongada. Eventualmente, é possível até mesmo sugerir que alguém da platéia se apresente para dar uma contribuição, mas só faça isso se tiver certeza de que pode conduzir muito bem esse interregno e que este terá relevância no esforço de manter a atenção dos ouvintes. Se, no entanto, ninguém morder a isca, evite constrangimentos e, mais uma vez, ofereça a resposta.

Em exposições prolongadas, aborde adjacências relevantes de seu tema, sempre de forma objetiva e direta, sem se repetir nem reduzir muito o ritmo, para dar conta do espaço que lhe foi reservado. Sinta a reação do público e, caso observe real envolvimento, siga seu percurso. Do mesmo modo, caso esteja diante de apenas um examinador e tenha de se estender a respeito de determinado assunto, vá em frente, se não for interrompido por seu avaliador. O importante é apresentar o que é preciso, cuidando com especial atenção do ritmo e da empatia. Bons recursos são as referências ao cotidiano, às notícias em destaque ou mesmo o relato de uma história interessante que tenha se passado com você.

Fundamental: atenção ao clima no ambiente e, diante de resistência ou de falta de foco da platéia durante sua atuação, reduza a fala, conduzindo o tema a um desfecho mais rápido. Melhor compactar do que ficar falando às moscas.

A clareza recuperada

O que diferencia o homem dos animais é o pensamento, mas o que difere os homens entre si é a qualidade de pensamento. E o recurso que nos permite explicitá-lo e compartilhá-lo é a comunicação, desde que seja clara, transparente e, assim, menos sujeita a interpretações que desvirtuem seu sentido. Este é um ponto fundamental. Sem qualidade na expressão do pensamento, a compreensão terá ruídos, como acontece, por exemplo, em uma transmissão de rádio, quando instável e sujeita a muitas interferências.

Quanto mais você aperfeiçoa a qualidade da sua comunicação, trabalhando com objetividade e emoção, mais autoconfiança terá para atuar com liberdade e espontaneidade, sem a pressão extra de se preocupar com a aprovação alheia e sabendo que pode desempenhar bem sua missão.

Cuidar continuamente da maneira como se expressa contribui para que a sua comunicação seja clara. O trabalho prático, avaliado por você mesmo em ação, é o grande instrumento para reconhecer suas qualidades e admitir as falhas a serem superadas. É bom lembrar que a tarefa de auto-observação com vistas ao aprimoramento da comunicação nunca termina, devendo ser incorporada à sua rotina, aos seus hábitos.

Clareza na comunicação

Como você define a clareza durante a comunicação?

Vamos avançar no conceito, para que não haja nenhuma dúvida a respeito deste tópico de primeira grandeza.

Para ter clareza é necessário apresentar as idéias em uma seqüência lógica, que dê à platéia ou ao examinador todos os elementos necessários para entender a mensagem em curso. Isso não depende apenas de domínio de conteúdo, mas também de ritmo.

Mesmo oradores mais experientes podem ter lapsos na seqüência de idéias. Se isso acontecer com você, não se assuste. Enfrente com tranqüilidade. O público nem notará se você fizer este exercício bem simples, que, apesar da simplicidade, o ajudará em muito:

- Respire.
- Faça uma pequena pausa.
- Organize o que quer falar, fazendo uma resenha mental com palavras-chave.
- Se julgar oportuno, repasse os pontos centrais já abordados (os tópicos), pois isso ajudará a platéia... e a você mesmo.

Este é um gancho providencial. Se conseguir rememorar meia dúzia de palavras relativas ao assunto em pauta, será capaz de recuperar sua seqüência de idéias sem muita dificuldade. Este recurso é interessante também quando você estuda para uma prova ou concurso, porque atua com eficácia sobre a memória.

Compartilhamento eficaz

Uma forma bastante eficaz de aprimorar a clareza na exposição é trabalhar em conjunto. Isso fica bem fácil quando se trata de uma prova, concurso ou grupo de debate. Basta reunir um grupo reduzido de colegas — dois ou três são suficientes — dispostos a fazer perguntas uns aos outros, observando com muita atenção as respostas.

O treino proposto pode ser feito de várias maneiras, mas uma costuma ser bem eficaz: antes de abordar questões técnicas, estimula-se cada um dos participantes a falar sobre um acontecimento marcante em sua vida ou a resumir o roteiro de um filme ou a história contada em um livro. Feita a exposição, quem ouviu deve dizer como fluiu a seqüência de idéias e se restaram dúvidas no final do relato. Caso sejam apontadas dúvidas, é sinal de que faltou clareza ao expositor, e isso constitui uma boa oportunidade para que ele reveja sua forma, em favor do conteúdo. Há, porém, uma exceção: uma dúvida pode indicar que o interlocutor se envolveu tanto com a apresentação a ponto de desejar saber mais a respeito do tema. Assim, nem sempre uma dúvida é necessariamente uma falha, podendo ser, também, ponto de partida para o aprofundamento do tema.

É importante que cada membro do grupo passe pelas diferentes experiências de relato, pois apenas assim poderá haver termos de comparação e, ao mesmo tempo, absorção de elementos positivos entre os participantes.

Em um segundo momento, o grupo deve elaborar perguntas técnicas e proceder da mesma forma.

Cabe aos avaliadores expressar-se também com muita clareza ao fazer a avaliação do colega e, a este, é preciso garantir a palavra. Concordou com as críticas? A imagem que viu refletida é a que tem de si mesmo?

Use a crítica do grupo para se avaliar, honestamente. Se houve dificuldade de entendimento ou necessidade de muitas explicações complementares, questione-se sobre o motivo de isso ter acontecido. Para isso, será importante investigar:

- A sua exposição teve começo, meio e fim?
- Os fatos foram corretamente seqüenciados?
- Você não se distanciou do foco da narrativa?
- Houve coerência?
- Fez sua exposição muito lenta ou apressadamente?
- Foi redundante?
- Ansiedade ou outra emoção se sobrepuseram ao conteúdo?

Esta é uma grande oportunidade de desenvolver o potencial comunicativo em dinâmica interação. Aproveite e receba críticas de maneira amigável, absorvendo delas o que puder contribuir para a sua evolução. Do mesmo modo, quando tiver de assumir o papel crítico, cuide para fazê-lo com elegância e objetividade, sem jamais recorrer ao estilo agressivo, que pode ser absolutamente contraproducente. O sentido do exercício é o de interação e colaboração para treinar sua "defesa". Contudo, alguém pode assumir uma postura agressiva durante a reunião, já que na vida, mais cedo ou mais tarde, enfrentaremos esse tipo de problema.

O treino deve ser retomado depois da primeira fase, agora com a atenção voltada ao tempo. Relate o mesmo livro do qual falou antes, mas agora oferecendo apenas um resumo ao longo de um minuto e, depois, em cinco minutos, sem fugir do contexto nem oferecer um relato anódino. Tempere com emoção. É importante trabalhar o fator tempo, justamente para aprender a usar o que for preciso, sem desperdício nem perda de objetividade.

A TÉCNICA DOS 30 SEGUNDOS

Outra prática muito interessante para trabalhar com o tempo é a técnica dos 30 segundos. Milo Frank, em sua obra *Como apresentar as suas idéias em 30 segundos, ou menos*, propõe que se desenvolva a capacidade de dizer tudo o que queremos em 30 segundos ou até em menos tempo. Ele demonstra que podemos trabalhar este exercício com uma preparação prévia e um trabalho posterior, assegurando-nos de que a mensagem essencial seja dita em 30 segundos.

Ele lembra que a atenção humana, às vezes, não vai além desse limite, e por isso mesmo é esta a duração de boa parte dos comerciais nos horários de propaganda na mídia. Ele informa que esta é também a referência para apresentação das notícias de tevê, que em média duram 90 segundos, metade desse tempo para citar o problema, 30 para uma entrevista ou *flash* e mais 30 para a conclusão do jornalista.

Preparar uma mensagem de 30 segundos requer ir direto ao ponto principal, o que implica saber exatamente o que se quer comunicar; e dirigir-se ao público certo e da forma correta, ou seja, àquele que absorve melhor e com os termos que prefere. E quando essa intervenção contém uma reivindicação, esta deve ser muito bem formulada: você tem de pedir o que quer, sem evasivas ou sugestões subliminares. Muita gente nunca explicita seus anseios — de um simples beijo até um emprego ou aumento salarial —, seja por não saber o que quer, seja por falta de coragem.

Esta técnica pode levá-lo a:

- Concentrar o pensamento, a escrita e a fala.
- Definir e manter o rumo da conversa.
- Preparar rapidamente qualquer tipo de comunicação.
- Treinar e praticar a lógica e a concisão.
- Encurtar entrevistas e reuniões.
- Ajudar o interlocutor a prestar atenção.
- Reforçar os diálogos, conversas e apresentações.
- Ampliar sua eficiência em qualquer entrevista ou reunião.
- Manejar com mais desenvoltura perguntas e respostas.
- Aumentar sua segurança.
- Ampliar suas chances de obter melhores resultados na vida profissional e pessoal.

O exercício deve ser constante, mas seu uso restrito aos momentos adequados. Será muito útil, por exemplo, em provas com restrição de tempo e que exigem respostas concisas (é óbvio que a concisão requer bom entendimento da matéria, para que se possa ir direto ao ponto, sem rodeios). Certamente, vai funcionar muito bem no dia-a-dia, de um telefonema a uma conversa pontual de trabalho, porque ajuda a desenvolver a objetividade e, até mesmo, a contundência.

Você perceberá com o tempo que o que pode ser dito clara e brevemente não precisa ser "esticado".

O BOM USO DOS TEMPEROS

Uma virtude que o orador deve cultivar é a temperança. Sim, é preciso desenvolvê-la e usá-la com sabedoria. Temperança envolve moderação, e só tem esta capacidade quem está no controle de seus atos. Uma das principais características da temperança é a poderosa habilidade de mesclar síntese e livre escolha, para dizer o que é contundente de uma maneira que possa ser facilmente absorvido e não dê a impressão de virulência verbal. Aqui e ali, no discurso, até podemos usar expressões mais fortes, desde que muito bem dosadas; seu uso deve ser eventual, apenas para sublinhar, destacar, e não como estilo, pois o orador que assim fizesse poderia ser qualificado como a "mais completa tradução" do ditado "muito barulho por nada".

Uma boa imagem da temperança é aquilo a que se referia Aristóteles como um cume elevado entre dois abismos, o da intemperança e o da sensibilidade. Ou seja, nem tanto ao mar nem tanto à terra. Comunique-se, portanto, à luz dessa máxima. Faça como os grandes chefes de cozinha, que trabalham sabiamente com os temperos, usando-os na medida certa para realçar o sabor do ingrediente principal de um prato — eles não pecam pela falta de tempero, preparando um prato sem nenhuma nota aromática que lhe confira um toque especial e desperte ainda mais o apetite, nem pelo seu excesso, exagerando no tempero a ponto de o sabor do ingrediente principal se perder. Aliás, a marca dos maiores e mais celebrados cozinheiros são os temperos e a criatividade com que os utilizam.

Exercitar a temperança significa, também, aprender a respeitar limites, descobrindo se estes são reais ou impostos por você. Uma boa dica para este quesito é analisar sua disposição de realizar um treino como o que propomos neste livro. Treinar sua habilidade de falar bem em público deve, antes de tudo, ser prazeroso, porque dá para sentir a evolução. Cada tentativa costuma trazer ensinamentos preciosos. Muitas vezes, porém, quando estamos diante de uma dificuldade e temos vontade de desistir, o processo deixa de parecer agradável — isto é um falso limite, que se impõe justamente para impedir os avanços. Quando ocorrer, desconsidere e vá em frente. Siga o exemplo dos bons esportistas, que sabem perfeitamente que determinadas fases dos treinos são desconfortáveis, mas o prazer que sentem ao ultrapassá-las, aperfeiçoando o desempenho, é imenso. E gratificante!

MOTIVAÇÃO

A motivação, que nada mais é que "motivar para a ação", é um dos aspectos mais importantes a serem observados durante sua avaliação de desempenho. A pessoa bem motivada realiza atividades com maior empenho, qualidade e eficiência. É o que faz alguém se dispor a realizar uma prova ou dar uma aula — trata-se de querer. Faz parte de uma trajetória.

É possível abordar a motivação de maneira simples, apenas retratando seu envolvimento com o momento, seu desejo de ocupar o cargo e todo o seu empenho para se expor da melhor maneira possível. É interessante dizer que a motivação do indivíduo pode ser observada nas palavras, mas que é um traço de comportamento, uma atitude de presença, envolvimento e cumplicidade com o momento, e de seriedade com a situação.

O dicionário tem diversas acepções para a palavra motivação, mescla resultante da soma do verbo motivar com o substantivo ação:

— "espécie de energia psicológica ou tensão que põe em movimento o organismo humano, determinando um dado comportamento" (*Michaelis*);

— "processo de iniciação de uma ação consciente e voluntária" (*Michaelis*);

— "conjunto de processos que dão ao comportamento uma intensidade, uma direção determinada e uma forma de desenvolvimento próprias da atividade individual" (*Houaiss*).

Essas definições são auto-explicativas e deixam bem clara a importância de ter um motivo, uma inspiração para agir, como se fosse uma luz que ilumina o caminho, sempre levando para adiante. Procure suas fontes de motivação e beba dessa água sagrada. Será uma grande fonte de energia!

O QUOCIENTE EMOCIONAL

O ser humano sempre se preocupou com a inteligência e seu desenvolvimento. Criou até mesmo testes objetivos para medi-la, como o de Q. I. (quociente intelectual). Sabe-se hoje, porém, em razão de inúmeros estudos, que a inteligência não é única, mas múltipla, e que se constitui de diferentes tipos. Basta observar determinados líderes ao longo da história para inferir que foram brilhantes em determinados aspectos e até sofríveis em outros. Alguns tinham tremenda dificuldade de lidar até com fatos corriqueiros.

Mozart, aquele que muitos definem como o músico que está acima de qualquer outro, colocado na prateleira mais alta da genialidade por sua imensa capacidade de criação, era um fenômeno com os sons, mas empacava em assuntos triviais, como o seu próprio sustento e o da sua família e relacionamentos interpessoais. Nessas desventuras, ele não esteve sozinho! Muitos outros gênios da arte foram vítimas dessas barreiras. Modigliani, por exemplo, o sedutor dos pincéis, que em seu tempo foi considerado muito maior que Picasso, morreu jovem e pobre, dominado pelo álcool, não obstante a aclamação de seu brilhantismo até mesmo por seus maiores "concorrentes".

Há poucos anos, um estudo definiu diferentes tipos de inteligência e revelou que as pessoas geralmente usam mais de um deles. A inteligência emocional, atualmente, é o tipo mais valorizado de inteligência e consiste na capacidade de lidar com as emoções. É surpreendente que essa valorização seja agora evidente nas empresas, que antes alardeavam a necessidade de deixar as emoções armazenadas na recepção, como se fossem peças do vestuário que podem ser tiradas e colocadas na medida das necessidades. As emoções, quer admitamos quer não, sempre estão presentes, desde o mais insignificante ao mais nobre ato do ser humano. Elas são uma síntese de raciocínio e sentimento. Mas, se recalcadas ou negadas, o resultado pode ser muito ruim. Pessoas dotadas de extrema inteligência e cultura muitas vezes sofrem grandes derrotas por não saberem lidar com suas emoções. Negar uma emoção não faz com que ela morra dentro de nós; apenas impede que se manifeste ou seja reconhecida, o que pode funcionar como um verdadeiro ácido corrosivo em nosso interior.

Autoconhecimento, capacidade de aprimorar as relações humanas, percepção de limites e superação de dificuldades são temas fortemente associados à inteligência emocional. Constituem um conjunto indissolúvel, e como tal deve ser trabalhado a fim de que, com nossa integridade absolutamente preservada, possamos superar as barreiras que surgirem à nossa frente.

Quem nega suas emoções, tratando de varrê-las para debaixo do tapete, corre sempre o risco de ser tomado de assalto por elas em um momento ainda mais delicado do que aquele em que elas quiseram se manifestar. Sim, porque as emoções não ficam escondidas para sempre. Quanto mais recalcadas, mais indomáveis. Portanto, é preciso admiti-las, para conhecê-las em profundidade. São esses — admitir e conhecer as nossas emoções — os instrumentos que teremos sempre à mão para dominá-las, na medida de nossas necessidades. Sem isso não há temperança, por exemplo.

A inteligência emocional deve ser valorizada e cultivada com o mesmo cuidado que um jardineiro dispensa a mudas e a plantas adultas, ou seja, com atenção no contexto e na especificidade, para criar um ecossistema perfeito. Você é uma criatura de múltiplas facetas e nenhuma delas deve ser negligenciada, sob pena de produzir devastações internas e externas.

Quando as emoções são bem utilizadas, o resultado é caminhar em direção à sabedoria — um estágio muito além da aquisição de cultura. Nada como alguém capaz de transmitir o que sabe de maneira única e sábia, com a dose perfeita de emoção, para gerar empatia e impressão indelével nos interlocutores.

Quem nega suas emoções, tratando de varrê-las para debaixo do tapete, corre sempre o risco de ser tomado de assalto por elas em um momento ainda mais delicado...

Dividendos da determinação

Já falamos bastante a respeito da necessidade de trabalhar com método e disciplina, elementos fundamentais para construir e perenizar a capacidade de expressar-se muito bem em público, seja qual for a circunstância.

Disponha-se a trabalhar à luz desses elementos.

Seja determinado, pois nem sempre haverá vontade explícita de fazer os exercícios, mesmo sabendo que são importantes para sua evolução.

Aposte na determinação como atitude. Os resultados serão evidentes e constituirão a motivação necessária para que você obtenha o melhor de si a cada passo, garantindo a evolução contínua que caracteriza os grandes oradores, aqueles que se superam sempre, a cada intervenção!

A paixão no desfecho

Tão importante como iniciar bem uma exposição é oferecer à platéia um final eletrizante. É para o *grand finale* que converge tudo o que foi dito antes. Mais do que um fecho de ouro, o desfecho tem de ser regado com a mais genuína emoção, para despertar a mesma sensação nos ouvintes. Deve ser, obviamente, preparado, e disso já falamos antes. Mas é fundamental que tenha a sua marca indelével, marca que deriva exatamente da sábia mescla entre conteúdo e paixão.

Um grande orador arrebata.

Não por acaso citamos Rui Barbosa, que foi chamado a "Águia de Haia" por sua performance em um evento internacional. Era um homem que sabia usar a palavra com emoção. Um dos melhores exemplos de que, sozinho, o conteúdo pode até funcionar, mas calará fundo na platéia quando construído com legítimos sentimentos.

O resultado de qualquer trabalho representa aquele que o produziu, mas o que pode trair o homem, muitas vezes, é a maneira de comunicar esse resultado. Capriche, portanto, em todos os detalhes de suas exposições. Do começo ao fim, cada peça tem de ser única e preciosa, como o trabalho de um ourives, que abre todas as possibilidades para extrair do diamante bruto todos os reflexos que é capaz de gerar. Mãos à obra, portanto. Transforme-se em um ourives da palavra!

Parte 5

Os dez mandamentos do comunicador

"A palavra, numa atmosfera eletrizada,
adquire estranha sonoridade, lampeja,
deflagra, atroa, fulmina."
Rui Barbosa

O Desembargador (TJ/RJ) Abeylard Pereira Gomes cunhou os mandamentos que se seguem:

1
Conheça o assunto

O domínio do conteúdo é fundamental para dar o recado correto e sedimentar a autoconfiança e a tranqüilidade no transcorrer da apresentação.

2
Conheça o auditório

A sintonia com a platéia garante a qualidade do discurso e a atenção do ouvinte. É preciso saber com quem se está lidando, para usar as palavras adequadas ao nível médio de entendimento, e avaliar constantemente se a mensagem está sendo absorvida, para fazer correções de rumo, caso necessário. Isto é dialogar no sentido lato, ou seja, entender o que nos dizem apenas pela atitude dos interlocutores.

3
Use a persuasão

Quem fala em público quer que suas palavras ecoem na platéia e calem fundo, que sejam realmente absorvidas. Trata-se de convencer, usando argumentos e emoções.

4
Atue com sinceridade

Quem não está convencido do que diz não poderá persuadir ninguém. E um orador que acredita em suas próprias palavras as impregna de verdadeira emoção. Como dizia Horácio, "se queres que eu chore, chora também tu".

5
Seja simples

Simplicidade é o talento de dizer tudo da maneira mais básica, sem penduricalhos nem exageros. Não tem nada a ver com vulgaridade — jamais ceda à tentação de usar termos chulos. Da mesma forma, descarte qualquer tipo de artificialismo, passando ao largo de construções verbais empoladas e rebuscadas. O rocambolesco já teve seu primado, e foi no passado. Não se o admite na modernidade. O presidente norte-americano Abraham Lincoln, conhecido também pela maneira como dominava a arte de falar, ensinava que uma pessoa culta é capaz de expor um assunto complexo de maneira que pareça tão fácil e palatável que até uma criança possa entender.

6
Seja breve

A objetividade e a clareza são atributos muito importantes do discurso, que, de preferência, deve ser curto, não obstante farto de conteúdo. As pessoas não têm tempo a gastar com explanações longas. Qualquer tema pode ser apropriadamente abordado no mais breve lapso de tempo, a depender — claro — da competência de quem o expõe. A capacidade de síntese requer conhecimento.

7
Saiba respirar

Quem sabe respirar inspira fundo e fala audível e pausadamente no momento em que expira, articula melhor as palavras e não se cansa. Esse é um pré-requisito para o melhor uso de seus recursos vocais.

8
Saiba usar a voz

O discurso deve ser uma conversa em voz alta. Não pode ser monocórdio, sob pena de levar a platéia ao sono. Tem de funcionar como uma lanterna mágica, que ilumina a sucessão de idéias e de imagens com seus respectivos tons e vibrações sempre em mutação. A voz tem de ser viva, orgânica, explorada de maneira sábia, com uma ampla gama de alternativas. Para tanto, a mágica é a de sempre: conhecer e trabalhar disciplinadamente tudo o que é possível obter, de maneira saudável, de suas pregas vocais. Elas existem para que delas se faça o melhor uso.

9
Saiba gesticular

A atitude diante da platéia deve ser sóbria e, acima de tudo, natural e espontânea. Assim serão, portanto, os gestos, que devem acompanhar o sentido das palavras, sempre para valorizá-las, nunca sobrepor-se a elas. O todo tem de ser harmônico e equilibrado.

10
Saiba concluir

O desfecho de um discurso deve ser forte e breve, jamais abrupto ou prolongado. Isso acontecerá sempre que a mensagem tiver sido transmitida na íntegra, respeitadas as condições da platéia. É preciso concluir um discurso antes de observar sinais de fadiga e desatenção no público. Assim como o bom *gourmet* sempre termina as refeições sem estar tão saciado a ponto de o peso do alimento o deixar enfastiado, o bom orador também não deve provocar fastio, mas deixar um gosto de "quero mais" no auditório.

PARTE 6

O discurso amoroso

"O amor é a força
mais sutil do mundo."
Mahatma Gandhi

O discurso não existe apenas para grandes platéias ou momentos pontuais em que enfrentamos examinadores em provas e concursos. Implica saber usar a palavra em todas as circunstâncias, seja em relações de negócios ou estritamente pessoais. Elas podem ser de diferentes tipos, e já abordamos alguns. Falta, no entanto, lançar um foco de luz sobre a oratória amorosa. E, no amor, a palavra pode ser um carinho ou uma agressão. Uma flor ou uma arma.

A palavra define o sucesso nos negócios, mas também tem igual poder no diálogo de envolvimento íntimo. Quem sabe e cultiva o valor da expressão verbal em um terreno da vida, certamente terá menos dificuldade em traduzi-lo adequadamente nos demais. Para começar, como em qualquer discurso, a conversa com o ser amado tem de partir do que se deseja dizer e, na mesma medida, do saber (e querer) ouvir. Por ouvir entenda não apenas o que o outro expressa abertamente, mas também o que está implícito em suas atitudes, mesmo que implique necessidade de tradução, para que você não capte mensagens a partir de pressupostos equivocados.

Muitos conquistadores têm fama de ser um "bom papo". Isso significa que sabem conversar, seduzir, encantar com as palavras. Reza o ditado popular que "ninguém escapa de uma boa conversa". Você sabe se tem um bom papo? Então, vejamos:

- Sabe como chegar a uma pessoa que lhe causa grande impressão sem fazer com que ela saia correndo, mas, ao contrário, captando sua atenção e sua confiança?
- É capaz de observar as atitudes dessa pessoa a ponto de entendê-la cada vez mais e mais profundamente?
- Tem paciência — e desejo — para ouvir o outro com toda a atenção?

Caso tenha respondido "não" a algumas ou a todas essas questões, trate de trabalhar no sentido de desenvolver os requisitos necessários à resposta "sim". Amor, antes de tudo, é troca e compromisso. Ouvir e compreender estão na base de qualquer relacionamento, o que não implica dizer sempre sim. São coisas muito diferentes.

No amor, talvez a maior decisão seja como conduzir o relacionamento para se revelar ao outro de maneira sincera e verdadeira. Há quem prefira agir com o que podemos chamar de "degraus da verdade", ou seja, até que ponto cada um dos envolvidos está disposto a se mostrar. Há quem se declare fiel e honre a palavra; há quem jure fidelidade de pés juntos e sempre tenha cartas ocultas na manga; e há quem admita que a infidelidade faz parte de seu caráter e disso não queira abrir mão, só para citar um exemplo de algo que costuma ser uma questão relevante em muitos relacionamentos.

O importante é sempre equilibrar a fala com a atitude. A coerência é um dos pilares do discurso amoroso, quando mais não seja para garantir que ninguém seja pego na mentira — e, sabemos, ela tem pernas curtas. Sempre se trata de escolha: como sou e como levo minha vida. Não há pacotes prontos nem modelos acabados. Cada um é como é e se transforma apenas quando entender que isso é necessário e assim o desejar.

Faz parte do discurso amoroso ter uma visão clara de como chegar a uma solução em situações de conflito. Se a decisão for parcial, ou seja, se a razão sempre ficar com uma das partes, é possível que o desequilíbrio decorrente da profunda submissão de alguém desemboque em uma torrente de mágoas que, com o passar do tempo, será impossível controlar.

Muitos conquistadores têm fama de ser um "bom papo". Isso significa que sabem conversar, seduzir, encantar com as palavras. Infelizmente, muitas pessoas de bom caráter não são igualmente hábeis no uso das palavras.

Comunicar-se é uma arte que pressupõe equilíbrio, consideração e respeito. Uma das piores sensações que um dos parceiros pode experimentar em determinados momentos da vida é a de estar "dormindo com o inimigo". Todas as nossas escolhas são absolutamente pessoais. Não há uma regra, um caminho correto. O que vale é chegar ao melhor para ambos, a um diálogo em que o casal se sinta confortável e tranqüilo, pois conviver implica intimidade e cumplicidade. É fundamental estar sempre disposto a alterar as regras do jogo, quando isso for necessário e bom para os dois. Algumas vezes, é preciso mudar o próprio jogo; em outras, até mesmo o parceiro. Cada um de nós é livre para escolher, mas tem de arcar com as conseqüências de suas escolhas. Sempre é possível mudar para melhor.

Por fim, repare que as dicas da Parte 7 (*No mundo dos negócios*) podem ser aplicadas ao discurso e interlocução amorosa. Embora o amor seja algo muito mais extenso e complexo que os negócios, se o parceiro não se sai bem nos requisitos para a convivência menor (os negócios), provavelmente também não se sairá bem naqueles da convivência maior (o amor).

Parte 7

No mundo dos negócios

"No mundo dos negócios nunca se obtém aquilo que se quer, mas sim aquilo que se negocia."

Chester Karrass

Além de se conhecer e definir aquilo em que acredita e deseja, é preciso — para estabelecer uma comunicação vitoriosa — conhecer o outro: sua fé e seus quereres. E aqui, quando se usa o outro, a referência é genérica: aplica-se a todas as pessoas com quem interagimos em qualquer circunstância. Nem sempre é fácil conhecer o outro, pois existe muita gente que, no fundo, não sabe o que quer, e por isso muda constantemente de idéia, como se a própria mudança fosse seu grande esteio para seguir adiante. É um grande desafio para quem está ao lado. Não há uma base estável por onde começar.

Um dos primeiros cuidados para interagir com alguém é saber quem é a pessoa e dar-se ao trabalho de conhecê-la. Com vontade e sem preconceitos, claro! Trata-se de observá-la como de fato é, sem lhe atribuir defeitos ou qualidades que não tem, mas que achamos por bem atribuir-lhe. Mãos à obra, portanto. Conhecer alguém é um delicado — e muitas vezes encantador — processo.

- Procure por valores — é um bom começo.
- Trata-se de uma pessoa honesta, que cumpre a palavra empenhada?
- É flexível?
- Segue princípios, de maneira a recusar-se a obter ganhos ou vantagens de forma ilícita?
- Respeita o próximo e opiniões conflitantes com a sua?
- Tem opinião diversa da sua?

Caso chegue à conclusão de que está diante de um cliente, de um fornecedor, de um sócio ou parceiro em quem possa de fato confiar, pois se trata de gente honesta e calcada em valores sólidos, você pode até dispensar contratos formais. Há muita gente que ainda prefere atuar sob a lei do "fio de bigode", em que a palavra basta, pois será cumprida. Eventualmente, faz-se um documento escrito e firmado, mais para cumprir formalidades do que para assegurar-se de que será honrado. Com pessoas desonestas, por outro lado, nem mesmo contratos formais bastam, porque a tendência delas é burlar, interpretar de maneira parcial e de acordo com seu próprio viés. Por isso, em uma negociação ou contrato, saber quem é a pessoa que está do outro lado da mesa é mais importante do que saber quanto dinheiro você vai ganhar.

Para conhecer o interlocutor, procure levantar sua história de vida, seu currículo, a imagem que tem no mercado. Sempre haverá referências. Opte pelas que pareçam bem fundamentadas e objetivas. Ao mesmo tempo, observe como essa pessoa se comporta em diferentes circunstâncias, como se veste, como se expressa. Desconfie, como recomendavam os antigos, de quem não olha nos seus olhos.

O discurso dessa pessoa é nosso foco principal de atenção. Repare em como o formula e se é capaz de ouvir e respeitar a opinião alheia — o que não implica concordar. Se presta atenção quando você fala e não se apressa em tomar-lhe a palavra a cada pausa que você faça para respirar. Ela manifesta a intenção de entender realmente seus argumentos? Se não entende, deixa isso bem claro e solicita esclarecimentos? Lembra-se do que você disse ao longo da conversa, ou é necessário ficar repetindo conceitos e informações já apresentados? Aguarda o final de uma história ou atropela sua narrativa, sem o menor interesse pelo epílogo?

Cuidado com quem não focaliza a atenção — dificilmente será um bom parceiro nos negócios e pior ainda na vida afetiva. No máximo, alguém com quem você pode compartilhar uma viagem curta e não fundamental — de barco, não de transatlântico. É uma relação fadada a curtos lapsos de tempo.

Evite, ainda, quem:

- Fala apenas de si, mostrando pouco ou nenhum interesse pelo outro ou por você.
- Não consegue conviver com o sucesso alheio sem mencionar os seus próprios sucessos, nem com os problemas alheios sem falar nos seus.
- Não suporta o papel de coadjuvante ou de platéia, porque só aceita ser protagonista.
- Tem inveja.
- Fala mal dos outros como hábito contumaz.
- É viciado em culpa e vitimização.
- Tem síndrome de salvador do mundo.
- Não respeita o direito de escolha alheio ou acha que os conselhos que oferece devem ser seguidos como "obrigação moral".

- Fala sempre em voz alta ou tem costume de gritar, durante negociações, porque acredita que este é um fator de convencimento.

O risco de trabalhar com pessoas assim é que as relações são difíceis, exigindo mais dispêndio de energia e tempo, além de ilimitada paciência. Se não houver outro jeito senão tratar com elas, o ideal é indicar — pela palavra e pela atitude — que em você encontrará uma pessoa educada, porém firme. E não se descuide, sob pena de permitir que a pessoa assuma o controle da relação ou da negociação, podendo até mesmo derivar para formas de assédio moral. É seu dever, e direito, interditá-las.

Evite, particularmente, pessoas que insistem em se colocar no papel de vítimas, sempre com um discurso de acusação e jamais aceitando suas próprias responsabilidades. É provável que elas escolham você como o algoz preferido, a pessoa a quem atribuirão todas as suas mazelas. Nada pode resultar de positivo em uma relação dessas. Nos negócios, é perda-perda na certa. Se não puder evitar clientes, parceiros, sócios e fornecedores viciados nessa ladainha, opte pela expressão verbal que os induza a evoluir; sobretudo, não permita que lhe atribuam um papel que não é seu, em um teatro que não há outro repertório senão a tragédia.

O essencial é atentar para o discurso das pessoas, pois ele revela de maneira cristalina mazelas pessoais, emocionais e morais, entre outras, que, descobertas a tempo, lhe permitirão escolher bem seu círculo de relações de negócios, com mais chances de sucesso em seus empreendimentos.

Se você reparar no discurso e no comportamento das pessoas, descobrirá que nada está escondido para quem olha, ouve e sente o que está ao seu redor. E aprenderá a comunicar com a voz, as atitudes e o corpo aquilo que deseja.

Parte 8

O peso do silêncio

> "O sábio fala porque tem alguma coisa a dizer; o tolo, porque tem de dizer alguma coisa".
>
> *Platão*

Assim como o que foi dito por Platão na frase em epígrafe, o arcebispo irlandês Richard Whately recomenda: "Não pregues porque tenhas de dizer alguma coisa, e sim porque tenhas alguma coisa para dizer".

O silêncio é melhor que o discurso vazio. Aliás, às vezes o silêncio é a melhor resposta.

E por que falar em não-palavra em um contexto de expressão verbal?

O não-discurso também é um excelente argumento: poesia, já foi dito, é cortar palavras. Uma boa lei é aquela que é sucinta, redigida sem desperdício de palavras. O inglês, em seus brocardos, avisa que *less is more*, ou seja, que menos é mais. Por isso é tão importante a técnica dos 30 segundos: tem muito poder a capacidade de síntese.

Assim, quem quer que se dedique a falar em público tem de lembrar que o silêncio pode ser usado para fortalecer um argumento. As pausas eloqüentes, planejadas para fazer a platéia refletir depois de um arrazoado decisivo, são um exemplo disso.

Aprenda, portanto, a utilizar o não-discurso para melhorar seu discurso.

Outra forma de não-discurso, oposta ao poder da ausência estratégica da palavra, é a violência. Ocorre quando um oponente não tem mais argumentos e parte para a força bruta, na tentativa de ganhar a parada. Aqui, o objetivo também é convencer, mas a qualquer custo. Mas a violência nem sempre funciona; aliás, tende a ser contraproducente. Grandes homens não se intimidam com a iminência de um ataque daqueles que tentam condená-los ao silêncio da covardia. "Um homem não se cala com um tiro ou mordaça. A ameaça só faz falar nele o que nele está latente", diz Affonso Romano de Sant'Anna.

A morte de Gandhi não evitou a independência da Índia, nem a de Luther King a disposição de seu povo de lutar pacificamente contra a discriminação racial.

PARTE 9

Inspiração para brilhar

"E a palavra, uma vez dita,
voa irrevogavelmente."
Horácio

Em sua coluna "Os sábios e nós", na revista *Vida Simples*, o jornalista Paulo Nogueira relata como a perseverança imortalizou o grande orador grego Demóstenes (384-322 a.C.). O autor lembra que ele foi um dos dois gigantes da palavra, na Antigüidade, dividindo essa posição com o romano Cícero, que desde muito cedo revelou imenso talento para sua missão. Demóstenes, porém, é uma prova do extraordinário poder do esforço. Natural de Atenas, nasceu em uma família rica, mas seu pai morreu quando ele tinha apenas 8 anos de idade e a herança a que tinha direito foi dilapidada por seus tutores.

Ainda menino, Demóstenes assistiu a um julgamento, no qual o orador Calístrato teve um desempenho tão brilhante que mudou um veredicto que parecia selado. Naquele momento, Demóstenes soube o que queria ser quando crescesse. Quem narra o episódio é o historiador Plutarco, da seguinte maneira: "Demóstenes invejou a glória de Calístrato ao ver a multidão escoltá-lo e felicitá-lo, mas ficou ainda mais impressionado com o poder da palavra, que parecia capaz de levar tudo de vencida". Entrou em uma escola de oratória. Aprendeu tudo o que pôde e, tão logo foi possível, processou seus tutores. Ganhou a causa. Estava longe, ainda, de ser notável. Desanimado, desabafou com um amigo ator, dizendo que pessoas menos preparadas que ele pareciam provocar mais boa impressão. Seu interlocutor pediu para que ele recitasse um trecho de Eurípides ou de Sófocles, dois luminares do teatro grego. Demóstenes atendeu ao pedido. Em seguida, o artista leu o mesmo trecho, mas com todo o seu arsenal técnico dramático, desenvolvido para o palco. As mesmas palavras assumiram proporções majestosas; tudo parecia totalmente diferente.

Demóstenes decidiu usar os mesmos recursos, treinando diariamente durante muitas horas. Chegou a raspar os cabelos de um dos lados da cabeça para não sair à rua e assim praticar sem interrupções. Aperfeiçoou a dicção, falando o mais claro possível com um punhado de pedras na boca. Outra técnica era declamar enquanto corria. Olhava-se demoradamente no espelho, para estudar o impacto de suas expressões. "Vem daí a reputação de que não nasceu com o dom da oratória, mas que só adquiriu habilidade e desenvoltura mediante trabalho incansável", disse Plutarco. Ao contrário de outros grandes oradores, Demóstenes não gostava de improvisar.

Quando a Grécia foi ameaçada por Felipe, rei da Macedônia, a voz de Demóstenes ergueu-se em defesa do seu país. Retardou, mas não conseguiu impedir a queda dos gregos. Após sua morte, os atenienses construíram uma estátua para ele, na qual gravaram a célebre sentença: "Se tivesses tido força igual à tua vontade, o guerreiro macedônico jamais dominaria a Grécia".

A história desse orador mostra que ele criou as condições para conquistar seus objetivos. O poder do esforço está fortemente associado ao treino e à melhora das capacidades individuais. É uma lição que inspira os homens dispostos a brilhar em público, século após século. Atual ainda hoje, porque certos exemplos são atemporais. Fica aqui registrada como uma chama acesa, uma tocha olímpica sempre iluminando o sonho do ser humano, a lembrar que tudo é possível quando alguém se dispõe a vencer todos os desafios para chegar a uma meta.

Inspire-se em exemplos como este para criar a sua própria história, acreditando que pode, sim, chegar a tanto. E ir além!

Apêndice I

A expressão jurídica

Nem sempre o melhor direito prevalece. Claro que se dependesse unicamente de nós preferiríamos que o justo sempre triunfasse, que a razão sempre estivesse acima de qualquer outra circunstância. Mas isso só acontece num mundo perfeito, que não é aquele em que vivemos. Sabemos, pela simples observação de notícias na mídia, que nem sempre quem está certo ganha.

A própria existência de juízes e tribunais confirma nossa incapacidade de produzir e assegurar naturalmente, no curso da própria vida, o que é justo. O Poder Judiciário é o instrumento do Estado e da sociedade para tentar solucionar as injustiças. Porém, feito também por homens, não trabalha à perfeição, sendo passível, sim, de enganos, mesmo que em volume reduzido, como se espera.

É aí que reside a utopia, o idealismo, a fé na Justiça: mesmo sabendo de nossas dificuldades e limitações, nós que militamos nessa área estamos dispostos — por princípio de valor — a buscar a realização do correto, do bem, da Justiça. Às vezes, o que motiva essa meta pode ser algo até menos altruísta que o princípio de valor, reduzindo-se ao anseio de garantir um bom emprego pela nossa reconhecida competência, ou de marcar território na profissão para ganhar dinheiro com ela. Mas isso já é outra questão, que envolve ética. Qualquer que seja o caminho que você escolher, precisará saber argumentar. Seja para proteger o justo, o correto, o bem, seja para vencer uma causa (às vezes reconhecidamente injusta) a serviço de seu cliente.

Como professores que formam profissionais, esperamos que você não coloque seus conhecimentos a serviço da injustiça, mas reconhecemos — e apreciamos — que sempre há espaço e oportunidade para as escolhas pessoais. Você precisará fazer as suas. Tiranos, opressores e até mesmo delinqüentes contumazes sempre têm profissionais para servi-los. A função de quem ensina é ensinar a usar recursos e argumentos, não importa a origem das distintas causas. Cabe a cada um decidir se servirá ao bem ou ao mal. Os poderosos contratam os mais competentes, avisamos. E para defender os oprimidos dos poderosos você precisará ser mais competente ainda, caso queira construir uma carreira relevante, lutar por um ideal ou simplesmente ter um bom emprego.

A IMPORTÂNCIA DO PREPARO

A argumentação é essencial para o profissional da área jurídica. Trata-se de uma profissão na qual aquele que tem o melhor discurso e sabe argumentar muito bem pode mudar uma escolha ou decisão, mesmo quando não está do lado do melhor Direito, da própria razão.

Quem tem o Direito a seu favor não pode se descurar da forma e do argumento, sob pena de abrir mão da vantagem inicial. Quem não tem o melhor Direito, terá no uso da argumentação talvez a última ou única oportunidade de virar o jogo em favor de sua tese ou cliente. Assim, seja no júri ou em qualquer audiência civil, criminal ou trabalhista, num contrato ou debate, quem pensa e argumenta melhor leva vantagem.

Logo, tanto o acadêmico quanto o advogado devem estudar com afinco a Teoria da Argumentação Jurídica, pois ela faz parte do arsenal de preparação do profissional da área jurídica que deseja ter sucesso em seu ofício. Além disso, redação, oratória, lógica e argumentação, literatura, psicologia, cursos de desenvolvimento pessoal — todos são instrumentos válidos para transformar o bacharel em um tribuno.

O talento inato para a argumentação é essencial?

Esta é uma questão que costuma vir à mente, em especial de profissionais que não se consideram muito talentosos. Mas, como tudo, o foco é o preparo. Nesse ponto, recomendamos a obra *Talento não é tudo*, de John C. Mawell (Ed. Thomas Nelson Brasil) ou as lições do técnico Bernardinho, que mostram que o talento é útil, mas não é o fator mais importante para ser sucesso.

O primeiro passo para se argumentar bem é conhecer o Direito. Entenda, antes de tudo, que saber Direito e saber argumentar são coisas diferentes, da mesma forma que há uma profunda distinção entre inteligência e cultura. Uma pessoa dotada de grande inteligência, mas sem acesso ao estudo, provavelmente renderá menos do que outra, de inteligência mediana, mas com ampla formação nos melhores colégios e com excelentes professores.

Há, sim, talentos inatos para esta ou aquela atividade, mas isso só será efetivamente um diferencial quando integrado a um conjunto de outros fatores igualmente importantes. Assim, uma criança pode manifestar muito cedo inclinação para a música, mas se não se dedicar jamais será uma estrela. Qualquer profissão é feita de características naturais e burilamento contínuo. É difícil dizer de antemão quem pode se tornar um grande tribuno ou um grande argumentador. Mas é possível afirmar com segurança que o estudo e o empenho são elementos importantes para o sucesso em qualquer área. Então, se quiser marcar presença na seara do Direito, trabalhe muito e sempre.

A MESCLA PERFEITA

Talento é útil, mas não é o que define o grande argumentador. A melhor performance, também nesse quesito, resulta da correta mescla entre o talento e o preparo. Esse preparo, por sua vez, envolve técnicas e conteúdo. Para comparar com simplicidade a diferença entre o talento isolado e um conjunto de fatores, imagine o que aconteceria a um pintor extraordinário, um mestre no uso das cores, que, momentaneamente, tivesse apenas uma parede e carvão para se expressar e estes não fossem os elementos que mais o agradam e com os quais consegue dizer tudo o que quer. Por outro lado, pense no que esse mesmo pintor poderia fazer se dispusesse de uma série de instrumentos, justamente seus preferidos. Digamos que fosse tinta a óleo e tela de primeira qualidade. É provável que a obra resultante desta opção fosse superior à primeira, porque soma capacidade e qualidade a tudo o que ele mais gosta e sabe usar com maestria.

Da mesma forma, a argumentação jurídica exige que o profissional tenha habilidade para se expressar, conheça o assunto sobre o qual vai falar e também saiba como fazer isso da melhor maneira — que recursos usará e com quais deles se sente mais à vontade. Então, o primeiro passo é ser um profissional que ama o que faz e escolheu a profissão certa para sua vocação. Deve conhecer bem o Direito. Disso resultará, obviamente, uma mescla de talento e conteúdo. O importante é estar sempre absolutamente atualizado quanto à legislação e jamais discutir um tema sem o prévio e completo quadro da lei que o rege; caso contrário, não passará de um enganador.

Enganador — esta é uma palavra forte, até mesmo agressiva, mas expressa muito bem o alcance da ignorância e de seus efeitos deletérios sobre o ignorante e também sobre os que se fiam nele. Não saber é uma falha grave. E inadmissível.

É preciso, também, conhecer a Constituição da República e, profundamente, algumas áreas específicas. Não é recomendável ater-se a um único aspecto do Direito nada sabendo dos demais. Um médico especialista, antes de tudo, deve ter aprendido clínica geral; não se pode admitir que saiba apenas o que diz respeito à sua especialização. Um advogado especializado tem de conhecer ao menos superficialmente outras áreas, pois é extensa a inter-relação entre os campos do Direito, e desconhecer totalmente algum deles pode resultar em derrota em alguma causa.

A tarefa de ampliar o conhecimento é muito mais fácil hoje, com a profusão de informações *online*, até mesmo em *websites* do governo (como www.planalto.gov.br) e de busca a partir de verbetes. Sem falar na bibliografia extensa, para leitura completa ou simples consulta, e na jurisprudência, para saber como juízes e tribunais lidam, na prática, com os temas. É um absurdo que algum profissional da área jurídica fale, peticione ou faça qualquer coisa (aula, artigo, negócio etc.) sem uma pesquisa prévia a respeito do objeto de sua atividade.

Há, aliás, um roteiro que indica as fontes imprescindíveis para qualquer profissional. São as chamadas "cinco mulheres": a lei, a doutrina, a jurisprudência, a justiça e a sua mãe. A justiça representa a capacidade de analisar os dois lados de uma questão, e a sua mãe, o bom senso necessário a todos. Portanto, o profissional que deseja argumentar com um mínimo de correção e segurança deve ter como base as cinco mulheres e procurar sempre a melhor solução para cada caso, calcada no bom senso e na busca da paz social.

Análise e interpretação

Para analisar uma questão é preciso "ter estudado o assunto" nas fontes básicas de autoridade (lei, doutrina e jurisprudência) e analisado os *argumentos contra e a favor*, qualquer que seja o lado que o profissional esteja defendendo. Em especial, é preciso ater-se aos argumentos contrários à sua tese, porque assim estará mais bem preparado para enfrentar o oponente.

Além das leis atualizadas e da jurisprudência e doutrina, é fundamental conhecer os fatos em detalhes. *O que de fato ocorreu?* Há provas suficientes para demonstrar ao juiz aquilo que aconteceu? Quais são essas provas e como trabalhar com elas?

Às vezes, por uma série de circunstâncias, uma mentira verossímil prevalece sobre uma verdade inverossímil.

Para estudar a lei, valha-se dos Códigos, em papel ou digitalizados, e assegure-se de que está trabalhando com dados atualizados. Para analisar os fatos, tome cuidado para não resvalar em uma avaliação parcial da realidade

O fundamental ainda é interpretar as leis, os fatos e a ligação entre ambos.

"Interpretar" é buscar o real significado de algo, no caso, da lei ou da solução para a questão. A interpretação pode ser feita de acordo com as fontes, com os meios e com os resultados. Há diferentes tipos de interpretações: legal, doutrinária, jurisprudencial, literal, lógica, teleológica, sistemática, histórica, de direito comparado, declarativa, analógica, restritiva e extensiva. Todos esses instrumentos são válidos e úteis. É preciso trabalhar com os mais adequados, e para escolher o melhor a cada circunstância é preciso conhecê-los. Para interpretar, além de todos os recursos de praxe, é essencial rever os princípios do Direito — Gerais e Setoriais —, que servirão de orientação para resolver o problema de bem aplicar a norma (a lei) ao fato (aquele sob sua análise, seja numa prova, num caso real ou num debate).

Interpretar requer evitar preconceitos e tudo o mais que seja preconcebido, capaz de prejudicar sua avaliação e argumentos, fragilizando-o no debate. A imparcialidade é um pré-requisito para quem quer trabalhar bem e com posições técnicas, nunca pessoais. Um bom advogado sabe que "quem briga são as idéias, nunca as pessoas". O mundo já é pequeno, e o jurídico, menor ainda. Você vai reencontrar as pessoas, em especial ex-adversos. Comporte-se com ética e educação. Esta atitude, no mínimo, facilitará muito sua vida no presente e no futuro. Cada dia de trabalho, cada petição e cada procedimento contribuem para construir a imagem que a sociedade e a comunidade jurídica têm e terão de você. Se for forte e respeitada, valerá tanto quanto cada um de seus mais poderosos argumentos.

O respeito e a integridade são alguns dos mais fortes condutores das relações pessoais e do sucesso profissional. E tenha certeza: mais cedo ou mais tarde todos teremos nosso valor e caráter reconhecidos pela comunidade. E seremos premiados — ou não — segundo nossos merecimentos. Nada fica em segredo por muito tempo.

Formas de argumentação

Jean Bélanger define as seguintes formas de argumentação: por explicação, por analogia, por indução, por dedução, e, finalmente, por meio da hipótese alternativa e do paradoxo. No primeiro caso, apresenta-se um caso que sirva de paradigma para compará-lo ao presente. No segundo, o método é iniciar pela parte para chegar ao todo, com uma intenção generalizante, ou seja, de "tornar 'geral' o que é pontual ou particular". A idéia é frisar a presença de um determinado fator em situações parecidas para concluir que ele se repete. Na dedução, o caminho é inverso, ou seja, do todo para o particular. Seu exemplo clássico é: "Todos os homens são mortais. Sócrates é um homem. Logo, Sócrates é mortal".

EM BUSCA DO "SIM"

Um dos maiores especialistas em negociação, William Ury, ensina que para obter um "sim" a pessoa precisa, principalmente, "adotar uma atitude positiva de respeito, a começar de si mesma". Entre os outros passos que ele sugere estão:

- Ouvir para entender, não para refutar.
- Fazer perguntas esclarecedoras.
- Admitir o ponto de vista alheio.
- Demonstrar ao outro que o valoriza e surpreendê-lo com o reconhecimento.
- Estar preparado.

Há inúmeros recursos para se chegar ao sim. Um deles é a chamada dialética erística, definida por Schopenhauer como "a arte de discutir, mais precisamente a arte de discutir de modo a vencer, e isto *per faz et per nefas* (por meios lícitos ou ilícitos)". É quando, por exemplo, alguém parece ter razão, mas de fato não tem. São, portanto, "duas coisas distintas: a verdade objetiva de uma proposição e sua validade na aprovação dos contendores e ouvintes". Para o autor, a origem disso está na "perversidade natural do gênero humano. Se esta não existisse, se no fundo fôssemos honestos, em todo debate tentaríamos fazer a verdade aparecer, sem nos preocuparmos com que ela estivesse conforme à opinião que sustentávamos no começo ou com a do outro; isto seria indiferente ou, em todo caso, de importância muito secundária. No entanto, é isto o que se torna principal".

Ainda segundo Schopenhauer, "para estabelecer uma dialética pura, devemos deixar de nos preocupar com a realidade objetiva (que é a questão da lógica) e encará-la simplesmente como a *arte de vencer o debate*; o que com certeza alcançaremos mas facilmente quando tivermos razão na questão. Mas a dialética, enquanto tal, deve simplesmente ensinar como nos defendermos dos ataques de todo tipo, especialmente dos desleais, e, por isto mesmo, como poderemos atacar o que o outro afirma sem cairmos em contradição e, sobretudo, sem sermos refutados. Deve-se dissociar claramente a descoberta da verdade da arte de fazer com que a nossa proposição seja aceita como verdade".

O autor cita 38 estratagemas dialéticos para que se chegue à vitória, mesmo sem razão. Entre eles estão: uso intencional de premissas falsas; perguntas em desordem; encolerizar o adversário; pista falsa; manipulação semântica; uso de premissa falsa previamente aceita pelo adversário; preferir o argumento sofístico; impelir o adversário ao exagero; discurso incompreensível; tomar a prova pela tese; ofensas pessoais.

Entendemos, porém, que a melhor forma de vencer é ter realmente razão e saber quais são os recursos que aquele que está sem razão pode utilizar para podermos anulá-los.

Naturalmente, nosso objetivo não é o aprofundamento na dialética erística, mas sim alertar sobre a sua existência, até porque são recursos usuais. Acreditamos sinceramente que o tempo premia aqueles que servem à verdade. Segundo o senador Jefferson Peres, "Ser ético é defender a justiça mesmo quando ela nos prejudica, e condenar a injustiça mesmo quando ela nos beneficia".

Já foi dito que se o velhaco soubesse o valor da honestidade, seria honesto por velhacaria. Parafraseando, podemos dizer que se o orador desonesto soubesse o valor de ser considerado ético e honesto nos argumentos, agiria à luz desses princípios. A credibilidade é um valor extremamente importante na argumentação, e se assemelha a um cristal, cuja integridade deve ser mantida a todo custo.

A ORATÓRIA DE TRIBUNA

É muito raro o profissional da área jurídica que não precise usar recursos de oratória. Audiências, reuniões com outros profissionais, encontros de associações de classe, conversas com clientes e outros eventos semelhantes fazem parte de seu cotidiano. Assim, é preciso saber falar, e da melhor maneira. Mesmo o advogado que se especializa como parecerista, especializado na elaboração de pareceres e focado na redação, não está isento de precisar saber usar bem a palavra falada.

Alguém dirá que um juiz não precisa ser um bom orador, porque não faz parte de seu trabalho discursar perante os jurados, mas ele tem de saber se expressar muito bem para que seja compreendido e chegue a bom termo em audiências, despachos ou negociações com advogados, Ministério Público e integrantes dos outros Poderes, imprensa, partes etc.

Vale, portanto, uma seção específica para esses profissionais, porque praticamente vivem de sua capacidade de se expressar. Há detalhes que são muito característicos de sua atuação, porque o campo também tem muitas especificidades. Entre outras, a de residir na elaboração de uma preciosa peça de defesa — conduzida oralmente, no tribunal — o condão de livrar alguém de uma punição injusta. Ao mesmo tempo, este é um trabalho que está sempre à mercê de surpresas, o que exige do profissional a habilidade de lidar muito bem com o inesperado, encontrando argumentos para enfrentar situações delicadas.

Os diferentes tipos de discurso

Adilson Citelli divide os tipos de discurso em lúdico, polêmico e autoritário. Quando descreve o que denomina "textos persuasivos", alinha muitas outras modalidades, entre as quais as de natureza publicitária, religiosa, didática, literária, jornalística e política. Isso mostra que um estudo geral da oratória e da argumentação tem muitas nuanças, caso você queira aprofunda-se na teoria — e isso é importante. Certamente acontecerá ao longo de seu aperfeiçoamento. Uma boa base teórica esclarece muitos pontos da matéria e ajuda a trabalhar, na prática, com muito mais consistência.

A *oratória* também tem diferentes objetivos. A *de convencimento* visa levar o ouvinte a concordar com nosso ponto de vista ou tese, seja em eventos muito simples e cotidianos, como nos complexos e cheios de especificidades, como convencer seu patrão, um cliente ou um parceiro a investir em determinado projeto.

Quando, porém, o recurso é usado em situações de julgamento, debate ou discussão, pode ser chamado de *oratória de litígio*, dotada de novas e diferentes técnicas, somadas às corriqueiras para a *oratória de convencimento*. Sim, porque o objetivo é o mesmo: fazer com que alguém, que diverge de nós, aceite nossos argumentos.

A oratória *de negociação* é a usada quando há um conflito de interesses com vistas à realização de um acordo, o que implica o uso de recursos de composição. Dependendo do caso, pode-se aplicar a lição de Harry S. Truman: "Se não puder convencê-los, confunda-os". Em outras circunstâncias, pode-se trabalhar com a falta de equilíbrio emocional do adversário e, através de técnicas de desestabilização, "explodir" o concorrente. Em um concurso público, o objetivo é bem distinto. O candidato trata de provar que é adequado para o cargo, tanto porque tem preparo intelectual, como equilíbrio emocional e maturidade.

OS INGREDIENTES BÁSICOS

O mais importante na postura do orador é sua calma e tranqüilidade. Ele precisa desses instrumentos para se conduzir com uma clara visão de si, de maneira a controlar sua fala, voz, atitude etc. Ao mesmo tempo, tem de estar sensível ao ambiente, à reação do público ou dos participantes da audiência e, por fim, apto a utilizar com competência todos os argumentos técnicos que previamente relacionou.

Um profissional que tenha se preparado muito bem e, portanto, esteja no domínio de sua atuação, pode usar todos os recursos que sabe serem muito úteis para convencer a platéia, das aberturas e fechos aos ganchos e frases de efeito. Os elementos básicos para preparar uma exposição oral têm muitas semelhanças com os de qualquer outra peça escrita: conhecer o assunto, a platéia e o objetivo.

O conhecimento do *assunto* é indispensável e pode ser muito ampliado com fontes de pesquisa adequadas. Hoje, o acesso a informações é muito amplo e diversificado. Assim, não há nenhuma justificativa para se ater apenas ao mínimo. É preciso ter um largo cenário do tema. Conhecer a *platéia* não é indispensável, mas — caso seja possível — certamente contribui de modo decisivo para o sucesso da exposição. Se nada souber a respeito, o orador terá de se manter ainda mais atento às reações do público e seu perfil para calibrar a forma da exposição de maneira a captar atenção e interesse. A escolha do *objetivo* deve admitir certa variação de resultados, isto é, vale definir o principal e os secundários. Pergunte-se, em seqüência:

— O que eu preciso para, ao final da fala, considerá-la um sucesso completo?

— Se não lograr sucesso absoluto, com o que posso considerar-me satisfeito?

À medida que o discurso ou negociação prosseguirem, você terá de se adequar às circunstâncias. Essa flexibilidade é fundamental para se manter no controle do processo, com a mente livre para a busca de informações e argumentos previamente preparados ou conhecidos. Fixar-se em determinados pontos, de maneira rígida, só vai criar dificuldades. Livre-se de qualquer tipo de amarra que possa comprometer seu desempenho. Quem sabe o que quer, pode conseguir até mais do que pretende. Dificilmente, caso tenha realmente se preparado, correrá o risco de ficar insatisfeito em relação aos resultados por culpa sua. Fez o seu melhor.

Outra forma de definir o objetivo é perguntar-se: "O que eu pretendo que o ouvinte faça ao final de minha fala?".

Definir previamente o que deseja e qual pode ser a resposta ou a ação ajudam a preparar o discurso. A resposta (a ação) do ouvinte pode ser celebrar um acordo, uma compra, abdicar de um direito, lutar por um princípio, dar uma nota, um deferimento, uma ajuda, um emprego, um sim, um não, uma contribuição, um abraço, um beijo... aquilo que o orador imaginar. Tem de querer (ou seja, definir), dominar o conteúdo e ter a capacidade de convencer. Propor uma *ação* ao final da fala é um recurso poderoso, capaz de transformar palavras em acontecimentos ou atitudes.

A COMUNICAÇÃO NÃO-VERBAL

A comunicação não-verbal tem grande influência em todo e qualquer ambiente. Como encontramos no dicionário, trata-se da "comunicação baseada em sistemas de significação independentes da linguagem falada, como a mímica, a pictografia, a música etc.". Pictografia é o uso de ícones para comunicar algo. Tão importante quanto o conteúdo da palavra nas aulas, entrevistas e provas orais, de tribuna ou negociações, é trabalhar a comunicação não-verbal. Já sabemos quão importante é a forma para acentuar o conteúdo. E ela implica não só o discurso, mas o orador em si, seus recursos e atitude. Há quem acredite que a forma pode ser mais importante que o conteúdo. É uma tese discutível, mas não descartável.

Um bom exemplo disso pode ser observado no uso da palavra escrita: quem escreve a resposta certa, mas com uma caligrafia praticamente indecifrável, feita de garranchos, desequilibrada, em diferentes tamanhos e formas, poderá acertar no conteúdo, mas também será avaliado por essa apresentação confusa, que indica descaso, desequilíbrio e falta de organização. Isso conta muito nas avaliações. Nenhum examinador tem a obrigação de desvendar hieróglifos. Esse candidato estará em desvantagem clara diante de outro que, até mesmo com menos informação, é capaz de cuidar muito bem da caligrafia e da organização do texto no papel. O mesmo vale para a atitude e a apresentação pessoal, ou seja, tudo o que está visível e considerado, consciente ou inconscientemente.

Mesmo que o interlocutor (juiz, promotor, advogado, colegas, clientes, público) aparentemente não dê importância ao fato de um candidato apresentar-se trajado de maneira descuidada, seu cérebro irá captar a mensagem não-verbal e gravar uma opinião desfavorável em relação àquela pessoa, neste quesito, que integra o todo. Logo, é preciso que você sempre atente para o seu conjunto, aliando equilíbrio, conteúdo e forma.

Escrever bem é preciso

Ler, redigir e falar em público são partes importantes do conjunto de ingredientes que formam o bom comunicador. Dizem respeito à expressão. Eles interagem, de modo que concorrem para o aperfeiçoamento do profissional. Embora existam algumas técnicas específicas para a redação e para a oratória, a arte do uso da palavra é uma só, com duas vertentes.

Quem sabe estruturar bem uma resposta escrita tem tudo para atuar com igual desenvoltura na fala e vice-versa, mesmo considerando diferentes particularidades e preparos específicos. São habilidades que se completam. É pela palavra que o profissional do Direito demonstra que sua tese é a que deve prevalecer.

Há bons livros que ensinam redação. Mas aqui vale sugerir alguns elementos importantes para que você cuide deste aspecto de sua formação, porque terá excelentes reflexos na estruturação de seu raciocínio e, conseqüentemente, na fluência verbal.

Para redigir bem, siga ao menos três passos fundamentais:

1. Leia muito.
2. Estude português e literatura.
3. Escreva regularmente redações, cartas, poesias, contos, exposições de motivos etc.

Tal como falar em público, escrever requer prática constante, disciplinada e organizada.

Fundamentação

A fundamentação é necessária no Poder Judiciário, seja para convencer o juiz, seja para que este justifique sua decisão (art. 93, IX, da Constituição). Este é um princípio que vale não apenas para o Direito, mas para todas as outras áreas do saber. Em especial os que trabalham diretamente com leis precisam dos argumentos corretos para decidir, e também os que não detêm o poder de decisão, porque deles necessitam para convencer. A juntada de provas é imprescindível para fundamentar os argumentos. Na falta delas, desista dos argumentos iniciais em favor de outros que possam, realmente, ser comprovados.

Redação e argumentação

Grande parte das petições que chegam ao Judiciário são malfeitas, mal estruturadas ou mal apresentadas. Pior, boa parte delas chega a ser praticamente incompreensível. Recentemente, a prática do "recorta e cola" agravou a situação. Uma coisa é conhecer o assunto e fazer recorte e colagem de texto, isso pode (e em determinadas circunstâncias, bem citado, até deve ser feito), outra coisa é fazê-lo às cegas, sem domínio do assunto, pois pode resultar em absurdos. Essa má qualidade não apenas é fruto da falta de estudo do Direito, mas também de deficiência de redação, o que pode resultar de uma dificuldade específica para traduzir uma idéia em palavras escritas.

Acompanhe, a seguir, os cuidados básicos para elaborar um boa peça:

Impressão bem cuidada. Caso use recursos eletrônicos. Mas se estiver escrevendo à mão, no caso de uma prova ou concurso, use letra legível e capriche na apresentação (evite rasuras, inclusões desajeitadas, desorganização);

Revisão. Revise especialmente a gramática: elabore corretamente as frases, certifique-se de que as palavras são corretas (sem erros de grafia) e adequadas à transmissão da idéia, cuide da concordância;

Fundamentação. Assegure-se de que fundamentou bem seu raciocínio, com base em fontes de autoridade e provas juntadas;

Clareza. Evite frases extensas e empoladas; da mesma forma, elabore parágrafos curtos, pois os muito grandes dificultam a leitura e arriscam a boa compreensão do conteúdo;

Objetividade. A objetividade é um bom parâmetro, mas não economize demais a ponto de ser avaro com o conteúdo, nem perdulário, usando mais do que o necessário para dar o seu recado com eficácia.

APÊNDICE 2

Manual de objeção e refutação

Jean Bélanger cita uma extensa lista — são 146 itens — de meios para objetar ou refutar. "Naturalmente", ele mesmo reconhece, "nem todos têm a mesma eficácia e alguns são bem pouco lícitos, embora bastante usados".

Confira a relação integral, na seqüência, não apenas para o caso de resolver usar esse recurso, mas para saber como enfrentar a eventualidade de ter um oponente que os utilize.

"A. *Você refuta a tese, a proposição geral*

1. — Ela é obscura.
2. — É ambígua.

3. — É contraditória.
4. — É sem interesse.
5. — É imoral, anti-social.
6. — É impraticável.
7. — É perigosa.

B. *Você refuta os fatos*

8. — Eles são em número insuficiente.
9. — São incontroláveis.
10. — Não são claros.
11. — São contraditórios.
12. — Foram deformados.
13. — São fragmentários, truncados, "preparados".
14. — São muito antigos.
15. — São demasiado recentes.
16. — Referem-se a um período de tempo muito curto.
17. — São excepcionais, atípicos, não característicos.
18. — Não têm relação com o argumento.
19. — Só tem uma relação muito indireta com o argumento.
20. — Acham-se muito dispersos no espaço.
21. — E os que são desfavoráveis para a sua tese?
22. — Estão em contradição com aquilo que sabem as pessoas sensatas?
23. — Você diz que eles são confirmados por pessoas sensatas? Isso lhes dá um valor científico.
24. — São confirmados por peritos, por especialistas. Mas estes se contradizem: veja os grandes processos!
25. — Sua importância está muito exagerada. Ela é mínima.

26. — Não foram provados irrefutavelmente. É impossível provar qualquer coisa de modo irrefutável, exceto em matemática.
27. — Na realidade eles invalidam aquilo que você pensava que eles comprovavam!

C. *Você refuta os raciocínios*

C.1. A refutação

28. — Ela é desinteressante.
29. — É inútil, redundante.
30. — Contradiz aquilo que devia ilustrar.
31. — O processo é demasiado simplista, deslocado numa argumentação. Você se limitou a contar uma história?
32. — Ela não pode ser verificada.

C.2. A descrição

33. — Empregar os itens 29 a 32.
34. — A ordem seguida é ilógica.
35. — Seria preciso dar inicialmente uma idéia do conjunto.
36. — Seria preciso apresentar as partes.
37. — Você está recitando um catálogo? Lendo uma bula?

C.3: A classificação tópica

38. — É ilógica.
39. — Como são ridículas essas subdivisões!
40. — Não há divisões suficientes.
41. — Há demasiadas divisões.

C.4: As classificações

42. — Isso é inútil e pedante.
43. — Isso é muito artificial.

C.5: A definição

44. — É muito vaga.
45. — É desnecessariamente precisa.
46. — É muito ampla.
47. — É muito estreita.
48. — Bastaria empregar um simples sinônimo.
49. — O seu pretenso cuidado em definir é na realidade um meio de obstrução.
50. — Você está fazendo distinções demasiado sutis, filigranas!
51. — Você está dando uma demonstração ociosa dos seus conhecimentos: todos já tinham compreendido.

C.6: As comparações

52. — Isso não tem som nem tom, não prova coisa nenhuma.
53. — Isso é um nariz-de-cera. Você não tem nada mais sólido?
54. — Você só fala das diferenças. E as semelhanças?
55. — Você só fala de semelhanças. E as diferenças?
56. — Com as suas semelhanças e as suas diferenças, em lugar de esclarecer a discussão, só faz é escurecê-la.
57. — Não estou vendo a semelhança.
58. — Não estou vendo a diferença.
59. — Essas semelhanças são muito vagas.
60. — As diferenças são muito tênues.

C.7: As estruturas

61. — Isso é muito complicado e difícil de seguir.
62. — Está muito minucioso.
63. — Faltam pormenores.
64. — As relações entre as partes não aparecem nitidamente.

C.8: A analogia

65. — Isso não é uma analogia, é uma simples comparação.
66. — Se eu retirar uma única semelhança, acaba-se essa sua analogia!
67. — As semelhanças são acidentais.
68. — As semelhanças estão minimizadas, escamoteadas.
69. — As esferas onde você vai buscar as suas analogias são de fato muito diferentes.
70. — Um raciocínio causal posto em lugar dessa analogia a invalidaria.
71. — É amaneirado, afetado, mais nada!
72. — É muito brilhante, mas não prova nada.
73. — Se eu empregar essa analogia em sentido inverso, chegarei à mesma conclusão que você. E daí?
74. — Se eu continuar a sua analogia, chegarei a conclusões surpreendentes!

C.9: A indução

75. — Você reconhece que só me oferece probabilidades. Isso é insuficiente, eu quero certezas.
76. — Os seus exemplos são insuficientes (cf. itens 10 a 26).
77. — A sua generalização é demasiado ampla.

78. — A conclusão que você tira da sua generalização é exagerada e forçada.

79. — A sua generalização não representa o essencial dos fatos que reuniu.

80. — Suas estatísticas não têm data.

81. — Elas se referem a um período muito antigo.

82. — Elas se referem a um período muito recente.

83. — Elas se referem a um período muito curto.

84. — Suas estatísticas são como todas as estatísticas. Lembre-se do que disse Disraeli: "Há as mentiras, as mentiras deslavadas e as estatísticas."

85. — Você disse a "média das"... Média não quer dizer nada, se se tratar de média aritmética. É a moda? A mediana?

86. — Prove-me o valor dessa estatística.

87. — Faltam as correlações. Logo, não tem valor.

88. — Você disse: "40% da população estava presente no comício, e essa é uma proporção considerável. Respondo-lhe: representa exatamente um décimo milésimo da população da França!"

C.10: A dedução

89. — A sua lógica não me impressiona nem me convence.

90. — Você diz: "deduz-se corretamente". E depois?

91. — Não vejo como você faz isto decorrer daquilo.

92. — Você talvez tenha razão em princípio, mas não na realidade dos fatos.

93. — A lógica é ideal, mas você bem sabe que o ideal nunca se atinge.

94. — Você pode me provar o que quiser. Eu não sou tão sólido como você.

C.11: As causas

95. — Você explica tudo por essa causa. Mas ela não é a única.
96. — As causas apontadas não são significativas.
97. — Isso não são causas, são simples coincidências.
98. — Essas causas não são suficientes para produzirem esse efeito.
99. — Há outras causas de que você não fala, e elas agem (podem agir) em sentido contrário.
100. — Como é que essa causa foi isolada, identificada e verificada?
101. — A causa e o efeito estão separados por um grande lapso de tempo.
102. — Um espaço demasiado largo as separa.
103. — A sua causa é plausível, se mais nada, mas não é certa.
104. — Não vejo nisso uma relação de causa e efeito: há simplesmente dois fatos, um dos quais se segue ao outro, e nada mais.
105. — Desconheço a autoridade alegada (mencionada) por você.
106. — O que disse essa autoridade lhe dá razão. Mas como posso saber se dez linhas mais abaixo não se encontra sobre o assunto uma coisa diferente ou até contraditória?
107. — Não acredito porque é evidente que esse autor invocado como autoridade fala ironicamente.
108. — Essa autoridade no assunto é um homem que gosta de paradoxos.

109. — Essa autoridade apresenta aqui, como conclusão, o que não passa de uma hipótese.

110. — Essa autoridade não é particularmente competente no domínio em que discutimos.

111. — Se eu tivesse tempo, traria uma opinião exatamente oposta de um autor que é tão importante quanto o seu. Ou mais.

C.12: A hipótese

112. — Não há nenhuma razão para fazer semelhante hipótese.

113. — Você se ocupa de coisas hipotéticas, eu trato da realidade.

114. — A sua hipótese pressupõe uma relação de causa e efeito, e é sobre esse ponto que o refuto (ver itens 97 a 106).

115. — Você sabe muito bem que com um "se" meteríamos Paris numa garrafa!

C.13: A alternativa

116. — Você pretende encerrar-me nessa alternativa, mas há outras possibilidades.

117. — Essas duas possibilidades não se excluem.

118. — Sim, você me reduziu a essa alternativa, mas o inconveniente é mínimo.

119. — Pois eu, a partir dessas antíteses, faço uma síntese.

120. — Recuso-me a essa alternativa porque ela é artificial.

D. Racionalizações e pseudo-racionalizações

121. — É um raciocínio circular, uma petição de princípio.

122. — Você ultrapassa os limites de maneira injustificada.

123. — Isso é recorrer aos preconceitos.

124. — Você usa de falsa humildade para me inculpar.

125. — Você emprega um jargão para não ser entendido.

126. — Você pretende justificar pela tradição.

127. — Você pretende justificar pelo grande número.

128. — Você imagina que pode provar tal coisa porque eu não posso provar o contrário. Insustentável!

129. — Você está deformando (ou truncando) os meus propósitos.

130. — Você o que pretende é revelar o meu pensamento e opô-lo às minhas palavras!

131. — Você me ataca em lugar de atacar as minhas idéias!

132. — Você está querendo encolerizar-me para que eu desça ao seu nível.

133. — Você me faz uma pergunta em lugar de responder à que lhe fiz.

134. — Você me impõe uma barreira de perguntas. Isso é obstrução pura e simples!

135. — Você não está respondendo, está apenas repetindo.

136. — Você diz que a média é sempre a solução correta.

137. — Você apresenta uma proposição clara no meio de uma coisa incompreensível, e por fim uma conclusão que não se relaciona com coisa nenhuma.

138. — Você emprega uma linguagem obscura pensando que eu não terei coragem de dizer que não compreendo. Pois digo-lhe que não estou compreendendo!

139. — Você sistematicamente responde às minhas perguntas de modo indireto.

140. — Esse propósito é ambíguo. Serve tanto para argumentar num sentido como no outro, segundo o rumo da discussão.

141. — Você me diz "isso é uma opinião" e toca adiante. Isso é fugir à discussão.

142. — Você me atribui motivos interessados. Em primeiro lugar, isso é falso; e em segundo, isso não tem nada a ver com o objeto da nossa discussão.

143. — Você subestima sistematicamente o que eu digo e superestima sistematicamente o que você diz.

144. — É verdade quanto ao todo, mas não quanto à parte.

145. — É verdade quanto à parte, mas não quanto ao todo.

146. — Aceito o seu argumento para provar-lhe que a conclusão seria absurda."

Uma bela lista, sem dúvida. E talvez a prova de que apenas o bom senso e a boa-fé permitem uma discussão em que a verdade prevaleça, já que os recursos são ilimitados para quem, conhecendo ou não a verdade, submetendo-se ou não a ela, sabe falar e argumentar bem.

Bibliografia

BARKER, Joel Arthur. *The Business of paradigms*. USA: ChartHouse International Learning Corporation. Videocassete.

BARROS, Francisco Dirceu; DOUGLAS, William. *Carta aos concursandos*. Rio de Janeiro, Campus/Elsevier, 2006.

BÉLANGER, Jean. *Técnica e prática do debate.* Rio de Janeiro: Civilização Brasileira, 1971.

BÍBLIA. Versão revisada, de acordo com os melhores textos em hebraico e grego, da tradução de João Ferreira de Almeida. Imprensa Bíblica Brasileira, 8ª impressão, 1992 e Versão revista e atualizada da tradução de João Ferreira de Almeida. 2ª ed., Sociedade Bíblica do Brasil, 1993.

BOMFIM, Benedito Calheiros. *Pensamentos Selecionados*. Rio de Janeiro: Edição do autor, 2006.

CITELLI, Adilson. *Linguagem e persuasão.* 16ª ed. São Paulo: Ática, 2006.

CUNHA, Abdon de Morais. *Técnicas de falar em público*. Goiânia: AB, 1994.

DEMING, William Edwards. *Qualidade: a revolução da administração.* Rio de Janeiro: Marques-Saraiva, 1990.

DOUGLAS, William. *A última carta do tenente*. 2ª ed. Niterói: Impetus, 2005.

________. *Ajude seu filho a ser um vencedor*. Niterói: Impetus, 2005.

________. *Como passar em provas e concursos*. 20ª ed. Rio de Janeiro: Campus/Elsevier, 2007.

________. *A arte da guerra para concursos*. Rio de Janeiro: Campus/Elsevier, 2007.

DRYDEN, Gordon & VOS, Jeannette. *Revolucionando o aprendizado*. São Paulo: Makron Books, 1996.

FRANK, Milo O. *Como apresentar as suas idéias em 30 segundos, ou menos*. 10ª ed. Rio de Janeiro: Record, 1996.

HOLLANDA, Aurélio Buarque de. *Dicionário eletrônico*.

HOUAISS. *Dicionário eletrônico*.

MACHADO, Luiz. *Introdução à aprendizagem acelerativa*. Rio de Janeiro: Edição do Autor, 1991.

______. *O segredo da inteligência*. Rio de Janeiro: Edição do Autor, 1992.

______. *O cérebro do cérebro: as bases da inteligência emocional e da aprendizagem acelerativa*. Rio de Janeiro: Edição do Autor, 1997.

O'CONNOR, Joseph & SEYMOUR, John. *Introduzindo a programação neurolingüística: como entender e influenciar pessoas*. São Paulo: Summus, 1995.

QUEIROZ, Jerônimo Geraldo de. *Manual do orador*. Goiânia: AB, 1993.

SANTOS, Izequias Estevam dos. *Manual de métodos e técnicas de pesquisa científica*. 5ª ed. Rio de Janeiro: Impetus, 2005.

SCHOPENHAUER, Arthur. *Como vencer um debate sem precisar ter razão: em 38 estratagemas: (dialética erística)*. Rio de Janeiro: Topbooks, 1997.

SOARES, Ricardo. *Leitura dinâmica*. 6ª ed. Rio de Janeiro: Campus/Elsevier, 2005.

SPRITZER, Nelson. *Pensamento & mudança: desmistificando a programação neurolingüística (PNL)*. 6ª ed. Porto Alegre: L&PM, 1993.

STERENBERG, Albert & COSTA, Eneide O. *Seminário de Introdução à Programação Neurolingüística — PNL*. Notas de Aula, 1997.

SUN TZU. *A arte da guerra*. Rio de Janeiro: Record, 1996.

URY, William. *O poder do não positivo: como dizer não e ainda chegar ao sim*. Rio de Janeiro: Elsevier, 2007.

WEIL, Pierre & TOMPAKOW, Roland. *O corpo fala: a linguagem silenciosa da comunicação não-verbal*. 17ª ed. Petrópolis: Vozes, 1986.

WEISS, Donald H. *Aumente o poder de sua memória*. São Paulo: Nobel, 1990.

______. *Como falar em público: técnicas eficazes para discursos e apresentações*. São Paulo: Nobel, 1991.

Internet

Citação de Clarice Lispector em http://alevezadoser.blogspot.com/2006/07/uma-carta-de-clarice.html.

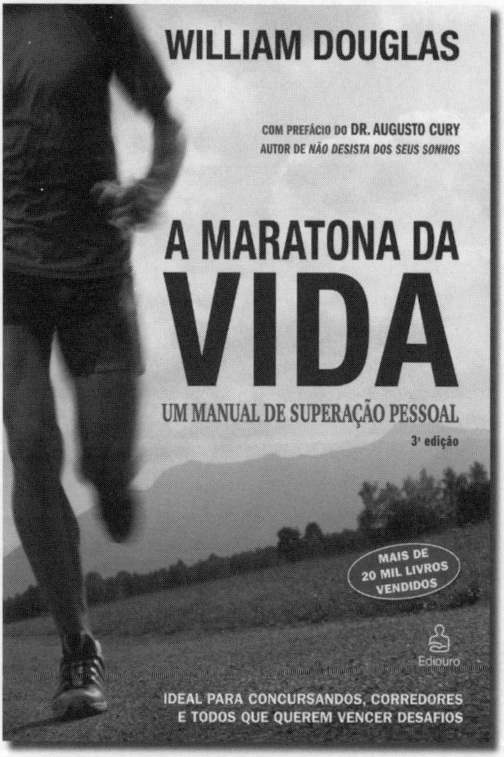

Um livro para quem quer deixar de "correr atrás", pois quem o faz perde a corrida. Ele foi escrito para ajudá-lo a vencer suas corridas e tornar o impossível possível.

Valendo-se de sua experiência pessoal, o autor ensina a lidar com sentimentos, dúvidas e problemas que acometem qualquer pessoa que queira realizar alguma coisa. Assim, ensina como é possível vencer obstáculos.

www.ediouro.com.br
www.williamdouglas.com.br

Este livro foi composto em GoudyOlSt BT e
Caflisch Script Pro e impresso pela Edigraf
sobre papel polén soft 80g para
a Ediouro, em fevereiro de 2008.